예수님, 오늘 어디에 계십니까?

-경청을 위한 30편의 기도묵상-

Wo bist du heute Jesus?
@ Jürgen Werth/Germany: mediakern 2021
Originally published in Germany under the title
Wo bist du heute, Jesus?

Korea edtion copyright © 2021 by Dreambook Press,
220ho, 847, Buheung-ro, Gwangjeok-myeon, Yangju-si, Gyeonggi-do,
Republic of Korea

예수님, 오늘 어디에 계십니까?

초판 1쇄 발행 2023년 12월 23일

지은이 위르겐 베르트
옮긴이 고위공
펴낸이 민상기
편집장 이숙희
펴낸곳 도서출판 드림북
인쇄소 예림인쇄 **제책** 예림바운딩
총판 하늘유통

·**등록번호** 제 65 호 **등록일자** 2002. 11. 25.
·경기도 양주시 광적면 부흥로 847 경기벤처센터 220호
·Tel (031)829-7722, Fax(031)829-7723

본서에 사용된 성경은 2017년에 출간된 'Luther 성서 개정본'을 사용함

예수님,
오늘 어디에 계십니까?

경청을 위한 30편의 기도묵상

위르겐 베르트 지음 / 고위공 옮김

드림북

예수님, 오늘 어디에 계십니까?

하루를 위한 말씀이다. 그리고 밤을 위한 말씀이다. 지상을 위한 하늘의 말씀이다. 시간을 위한 영혼의 말씀이다. 나를 위한 생명의 말씀이다.

매일 그와 같은 말씀은 나를 새로운 사유로 인도한다. 세계, 인간, 나의 생명에 관한 하나님의 사고로. 그것은 나를 격려하고 위로하고 나에게 경고하려 한다. 그것은 무엇이 정말로 중요한가를, 무엇이 문제가 되는가를, 삶의 쇠퇴와 폭풍에서 무엇이 견디고 지탱하고 힘을 주는가를 보여준다. 무엇보다 하나님이 내 곁에 서 있다는 사실을 항상 새로이 보여주려 한다. 모든 것에도 불구하고. 그리고 하나님이 조건 없이 나를 사랑한다는 사실을 보여주려 한다.

나는 그와 같은 30개의 말씀을 당신을 위해 찾았다. 그리고 이 천상의 사고가 어떤 사유로 나에게 영감을 불어넣었는지를 기록한다. 하나님은 나를 생각하였고, 나는 계속해서 사고하였다.

여기에서 30개의 기도가 생성되었다. 그들은 대부분은 일회적이다. 약간 상세한 형태로 독일 복음방송 라디오 프로그램의 '하루의 말씀'으로 진행되었다.

하늘, 사랑, 빛의 방향으로의 여행에 함께 하십시오. 그러나 무엇보다 항상 새로이 예수님의 방향으로.

하나님은 스스로 빛과 생명이다. 세계와 우리를 위해. 때문에 살려고 하는 자는 가능한 한 자주 그가 있는 곳에 있어야 한다. 이것은 단순한 물음으로 시작된다. 예수님, 오늘 어디에 계십니까? 그곳에 나도 있고 싶습니다.

당신은 나의 병든 여환자 곁에 계십니까? 나에게 1유로를 구걸하는 노숙자 옆에 계십니까? 지구의 생존문제가 논의되는 중요한 회의에 계십니까? 그저 놀고 싶어 하기만 하는 나의 손주 곁에 계십니까? 어느 경우든지 당신은 낙담한 자, 절망한 자의 곁에 계실 것입니다. 더 이상 출구를 보지 못하고 자신의 풍성한 착상에 대한 신뢰를 포기한 자의 옆에. 도움을 필요로 하고 도움을 찾고 좋은 말씀을 사모하는 사람들 곁에.

당신은 오늘 어디에 계십니까? 그리고 나는 어디에 있어야 합니까? 당신이 계신 곳에서만 나는 올바르게 존재합니다. 오늘 그리고 영원히.

위르겐 베르트

차 례

제1장

히브리서 1.1-2

하나님이 일찍이 예언자를 통해 조상들에게 수없이
그리고 수많은 방식으로 말씀한 후에 오늘날 마지막으로
아들을 통해 우리에게 말씀하였다.[1]

하나님은 말씀한다. 이미 언제나 말씀한다. 항상 새로이 말씀한다.

"태초에 하나님이 천지를 창조하였다. 대지는 황폐하고 공허하였다. 그리고 어둠이 깊은 곳 위에 깔려있었다. 하나님의 영이 수면 위에 떠다녔다. 하나님이 말씀하였다. 빛이 있으라. 그리고 빛이 되었다."[2] 성서는 이렇게 시작한다.

"태초에 말씀이 있었다. 말씀은 하나님과 함께 있었다. 하나님은 말씀이었다."[3] 요한복음은 이렇게 시작한다.

하나님은 말씀한다. 그가 말하는 것은 일어난다. 그의 말씀은 단순한 울림이나 연기가 아니기 때문이다. 항상 행위이기 때문이다. 문자 그대로 손과 발을 가지고 있다. 하나의 형상, 하나의 얼굴, 하나의 소리이다. 그것은 인간 예수이다.

그는 실제의 진정한 하나님이다. 실제의 진정한 인간이다. 두 다리 위에 서 있는 하나님의 사랑이다. 그의 빛은 세상과 우리 삶의 모든 어둠을 위해 있다. 그의 무한한 자비. 또한 그의 명료함과 청렴함이다. 하나님이 어떤 분인지 알고 싶은 사람은 예수님을 관찰하여야 한다. 하나님이 무엇을 생각하는지 알고 싶은 사람은 예수님의 말씀을 들어야 한다. 하나님이 무엇을 원하는지 알고 싶은 사람은 예수님에게 바탕을 두어야 한다.

다시 말해 예수님의 말씀을 읽고 들어야 한다. 성서에서. 교회에서. 라디오, 텔레비전, 인터넷에서. 자신의 삶을 관찰하여야 한다. 창조와 피조물과의 접촉을. 성서가 우리에게 전해준 이야기에 빠져들어 가야 한다. 그리고 예수님을 항상 새로이 체험해야 한다. 예수님과 대화하여야 한다. 이야기할 뿐만 아니라 경청해야 한다. 즉 기도해야 한다.

하나님은 말씀한다. 이미 언제나 말씀한다. 항상 새로이 말씀한다. 오늘도 이야기한다. 나는 그를 향해 눈과 귀를 활짝 열려고 한다. 그리고 나의 가슴을.

제2장

마태복음 9.11

> 바리새인들이 그것을 보자 그들은 제자들에게 말하였다.
> 어찌하여 당신들의 선생님은 세리와 죄인과 함께 음식을 취합니까?

대부분 그는 사람들이 추측한 곳에 있지 않았다.

그는 작은 베들레헴 마을 수수한 거처에 태어났다. 보잘것없는 나사렛[4]에서 온 단순한 사람들이 그의 부모였다. 그의 첫 쉼터는 여물통이었다. 목동들이 그의 첫 손님이었다. 작은 가족은 곧 이집트로 피신하여야 하였다.

그러고나서 그는 목수가 되었다. 그의 아버지처럼.

30세의 나이에 그는 다문화의 갈릴리 지역에서 설교하고 치유하기 시작하였다. 종교지도자가 되려면 경건한 유대의 땅에 있어야 함에도 불구하고. 그곳에서 그는 율법에 충실한 유대인에 의해 일관되게 배척당한 '세리와 죄인'을 주로 상대하였다.

3년이 지나 그는 예루살렘으로 갔다. 사람들이 그곳에서 그의 생명을 원한다는 것을 누구나 알고 있었음에도 불구하고. 짧은 재판을 거쳐 맞지 않는 범죄자의 죽음을 당한 후에 그는 십자가에 머물렀다. 자신의 재앙에 책임이 있는 모든 사람을 처단해달라고 지상에 있는 천상의 군사에게 청원할 수 있었음에도 불구하고. 그의 좌우에 정말로 범죄자인 두 사람이 죽었다. 그는 그곳에 속하지 않았다. 마침내 그는 메시아, 그리스도였다. 이로써 세상의 하나님이 되었다.

아니다. 대부분 그는 사람들이 추측한 곳에 있지 않았다.

그는 오늘도 이곳에 존재한다.

하층의 수만 명, 무시당한 자, 과도하게 판결된 자, 한계를 벗어난 자, 밀려난 자. 자신의 삶, 인간, 하나님에 대한 믿음을 버릴 수 없어 은총과 자비를 구한다는 사실을 알고 있는 사람들과 함께. 그는 하늘을 그리워하는 모든 사람들 곁에 존재한다.

그리하여 우리곁에, 내 곁에.

나는 그의 곁에 있고 싶다. 우리는 그의 곁에 있고 싶다. 그의 이름을 짊어지고 있는 우리. 그리스도, 그리스도 사람. 우리는 그가 있는 곳에 있고 싶다. 이미 새벽 시간에 물어본다. "예수님, 오늘 어디에 계십니까? 당신은 나를 어디로 데려가려 하십니까? 어디에서 애호, 위안, 격려를 기다릴까요? 어디에서 굳건한 도움을 필요로 합니까? 당신은 결코 편리하게 처신하지 않았습니다. 나 역시 그렇게 하려 합니다."

제3장

누가복음 2.46

사흘 후에 그들은 그가 성전에 있는 것을 발견하였다.
교사들 가운데 중앙에. 그들의 이야기를 듣고 물어보며.

목수 가정의 동요. 그들은 다른 수백 명과 함께 도상에 있다. 예루살렘 산에서 고향 같은 갈릴리를 향한 아래로의 여정. 3일 간의 도보여행. 그들은 이집트 노예살이의 놀라운 해방을 기념하는 유월절 축제에 참여했다. 그것은 웅장하였다. 마음이 움직이며, 기운을 북돋으며, 멀리 떨어진 나사렛의 주방과 작업장의 계속된 일상생활을 위해 힘을 쏟으며. 그러나 그들의 아들은 사라졌다. 어디에도 발견할 수 없었다. 그들이 아무리 물어보아도 그 누구도 그를 보지 못하였다.

그러나 이제 그들은 처음으로 그를 데려왔다. 그가 열두 살이 되었으니. 그들은 첫 성례예식, 그의 유대 '성년의례'(Bar-Mizwa)[5]를 베풀었다. 그는 이제 성년을 맞이한다. 최소한 종교적으로 성년이다. 어른처럼 예배에서 율법을 낭독해도 된다. 남성의 기도에 함께 참여해도 된다.

그러나 이제 그 아들이 사라졌다.

찾는 작업은 사흘이 걸린다. 그들이 갑자기 그를 발견할 때까지, 성전에서, 랍비와 율법학자 곁에서. 그는 그들에게 물어보고 그들은 그에게 물어본다. 그들은 그의 질문에 놀란다. 그의 대답에 더욱 놀란다.

마리아가 그를 불러내어 질책한다. 그녀는 그를 다시 보게 된 것에 대해 충격을 받으면서 동시에 구원의 기쁨을 느낀다.

그러나 그를 더 이상 소유할 수 없다는 사실을 아마도 처음으로 경험한다. 아마도 그를 결코 소유한 일이 없었을 것이다. 곧 더 이상 그를 소유하지 못할 것이다. 그는 물론 그녀의 아들이다. 그러나 여기에서 그녀는 그가 자신에게 속하지 않는다는 사실을 고통스럽게 경험한다. 그는 요셉의 작업장 이외의 어떤 다른 곳에 속해있다.

그는 하나님의 아들이며 인간의 아들이다. 얼마나 좋은가.

그가 그저 인간이라면 우리는 그에게서 출발하며 그의 발언을 명상하며 그의 삶을 모방할 수 있을 것이다. 그러나 그는 우리를 하늘로 들어가게 하지 못할 것이다.

그가 단순히 하나님이라면 우리는 결코 스스로 그에 관해 이해하였다고 느끼지 못할 것이다. 그는 공포와 고통을 알지 못하며 모든 영원에서 우리에게 낯설게 머물 것이다.

그러나 예수님은 둘 다이다. 다행하게도. 우리의 행복을 위해. 인간처럼 살고 사고하고 행동하는 인간이다. 그리고 스스로 도와주고 치유하고 사랑하고 구원할 수 있는 하나님이다.

제4장

시편 142.4

내 영혼이 두려움속에 갇혀있을 때
당신은 내 길을 알고 있습니다.

〈누가 버지니아 울프(Virginia Woolf)를 두려워하는가?〉 이것은 1960년대에 나온 에드워드 올비(Edward Albee)[6]의 성공적 연극작품의 제목이다. 다음과 같은 어린아이 문장의 암시이다. "누가 악한 늑대를 두려워하는가?"

"누가 이슬람주의자와 포퓰리스트, 경제위기와 기후재앙, 사회적 공존의 쇠퇴, 다음 전염병을 두려워하는가?" 이것은 우리 천년 시대 20세기의 문제이다.

인간은 공포를 지니고 있다. 이미 언제나 공포를 지니고 있었다. 생쥐에게, 인간에게, 삶과 죽음에게, 악마와 결핵에게, 전쟁과 기아에게, 자신의 삶의 크고 작은 파국에게.

공포는 삶에 속한다. 이미 언제나. 그것은 좋다. 한편으로, 공포는 보호를 받기 때문이다. 그렇지 않으면 우리는 언제나 뜨거운 전자레인지의 열판을 붙잡는다.

그러나 공포는 또한 마비시킬 수 있다.

당신은 이 악몽을 아는가? 당신이 도망치려 하지만 두 발이 땅에 나사로 꽉 죄어져 있다. 당신은 떠나갈 수 없다.

공포는 사고와 감정을 협소하게 만든다.

성서의 저자들은 이것을 알고 있다. 시편의 시인 다윗도. 그러나 그는 위로를 받고 있다.

내 영혼이 두려움 속에 갇혀있을 때
당신은 나의 길을 알고 있습니다.

다윗은 이것을 경쟁자 사울[7]을 피해 몸을 숨긴 좁은 동굴 안에서 기록하였다. 혹은 동굴에 대한 회상 가운데에서. 다윗은 자신이 보호받고 숨겨져 있다는 사실을 알고 있다. 모든 협소함 가운데에서, 모든 공포 가운데에서, 그 어떠한 공포에도 불구하고. 왜냐하면 그곳에 보다 강한 자가 있기 때문이다. 사울보다 강한, 사울에 대한 공포보다 더 강한, 살아계신 하나님.

그는 또한 알고 있다. 그와 함께 사는 것, 그에게 매달리는 것, 그를 의지하는 것은 "나에게 공포가 없다"를 뜻하지 않는다. 그

러나 다음과 같은 것을 의미한다. "나는 공포 가운데 숨겨져 있
다. 나에게는 안정이 있다. 친구가 있다. 하나의 하나님."

그렇다. 나는 다윗처럼 언제나 공포를 지니고 있다. 언제나 계
속해서. 그러나 나는 나의 공포가 이 강한 자를 만나도록 보살
피려 한다. 예수 그리스도 안에서 죽음과 나의 심연의 공포를
극복한 하나님을.

제5장

이사야 57.15

나는 높은 곳, 신성한 곳에 부서진, 굴욕당한 영을 가진 사람들과 함께 거주한다. 굴욕당한 자의 영과 부서진 자의 마음을 신선하게 고취하기 위해

인간은 하나님에게 도달하기 위해 몸을 뻗는다. 하나님은 인간에게 도달하기 위해 허리를 굽힌다. 전도된 세계.

하나님은 위에 있다. 영원한 영광 속 하늘에, 도달할 수 없이 먼 곳에 거주한다. 인간들은 아래에 있다. 지상에 거주한다. 시간과 공간에 묶여있다. 그들의 팔은 언제나 너무 짧고 그들의 기도는 너무 소리가 작다. 그렇기 때문에 언제나 자신의 신들을 지상으로 데려오려 시도하였다. 그들의 세계로, 그들의 일상으로. 그들은 그림을 그리고 조각을 새겨 넣었다. 그렇게 해서 한 조각 하늘이 함께 있어야 했다. 그러나 그것은 사람이 스스로 생각해 내고 만들어 낸 우상이 아닌가? 우상이 보고 듣고 도와줄 수 있는가? 하나님은 지상의 모조상으로 강요될 수 없다. 하나님은 그가 진정한 하나님이라면 영원히 조종할 수 없도록 머

물러 있다.

하나님이 스스로 자기 자신을 조종한다고 하자. 인간이 있는 곳으로 내려와 깊이 허리를 숙인다. 성서는 바로 이와 같은 하나님에 관해 이야기한다.

성서의 말씀은 말의 담화이다. "나는 높은 곳, 신성한 곳에 거주한다. 부서진, 굴욕당한 영을 가진 사람들과 함께. 굴욕당한 자의 영과 부서진 자의 마음을 신선하게 고취하기 위해." 이것을 말씀하는 자는 이렇게 소개된다. "높은 자이며 숭고한 자, 영원히 거주하는, 그 이름이 거룩한 자." 하나님.

하나님이 인간에게 내려옴으로써 인간은 하나님에게 온다. 하나님이 자신의 귀를 그들의 입에 가까이 숙임으로써 그들의 기도는 하나님에게 도달한다. 그의 귀와 그의 가슴. 하나님은 이미 구약의 시기에 그렇게 하였다. 그리고 예수 그리스도 안에서 스스로 인간에게 내려옴으로써 그 누구도 능가할 수 없도록 인상적으로 행동하였다. 하나님은 자기 자신을 부스러뜨림으로써 부서진 자에게 가까이 다가갔다. 자기 자신이 모방할 수 없는 방식으로 굴욕을 당함으로써 굴욕당한 자를 존경하였다.

그 당시에 물론, 그러나 오늘날에도. 이것은 부서진 것을 느낀 모든 사람을 위한 희망의 전망이다. 하나님은 그들에게 가까이 있다. 하나님은 그들에게 힘을 부여하고 용기를 갖게 한다.

제6장

시편 98.3

모든 세계의 끝은 우리 하나님의 구원을 본다.

이 세상은 절망적이다. 사람들은 사람들로부터 떨어져 나간다. 더 이상 서로 대화하지 않는다. 단지 쏘아댈 뿐이다. 처음에는 말로, 다음에는 총으로.

양극은 녹아내리고 숲은 목말라한다. 들판은 메말랐는데 해안은 물로 씻겨나간다. 기후는 궤도를 이탈하여 통제되지 않는다.

어디에나 무의미한 전쟁이다. 넘쳐나는 난민 숙소. 절망적이다. 절망의 혼란.

시편 98편은 용감하게 맞선다. "그는 오른팔, 거룩한 팔로 구원을 창조한다 … 모든 세계의 끝은 우리 하나님의 구원을 본다."[8]

그의 구원이다. 그의 권능이다. 그의 사랑이다. 그의 자비이다. 시편 98편은 우리 무기력에서 전능을, 우리 혼란에서 명료함을, 우리 오늘에서 내일을 바라보도록 우리를 초대한다.

그는 반응한다. 비록 오늘은 보이지 않지만. 그러나 어느 날 잘 보이고 체험할 수 있도록. 모든 사람을 위해. 시편 98편은 그가 종반에 심판하리라고 말한다. 그는 올바로 움직이고 올바로 가져올 것이다. 그는 모든 재앙을 단호하게 소멸하고 영원한 구원의 나라를 세울 것이다.

아니다. 우리가 체험하고 괴로워하는 것은 전부가 아니다. 마지막 것이 아니다. 다행하게도. 더 많은 것이 있다. 다른 것이 있다. 그렇기 때문에 모든 목전의 외관에 맞서는 희망과 신뢰가 있다. 그리고 용기와 행동의 힘이 있다. 피안을 향한 전망이 이 세상의 손길을 강하게 만들기 때문이다. 하늘을 믿는 자는 지상이 무관심하게 여겨질 수 없다. 지상에 대한 사랑으로 하늘을 떠난 하나님에게 지상이 무관심하지 않은 것처럼.

제7장

야고보서 4.15

이에 반해 너희들은 말해야 한다.
"하나님이 원하실 때에[9]
우리는 살아서 이것이나 저것을 행할 것이다."

이것은 계획 세우는 일을 부인하는 문장인가? 아마 그렇지 않을 것이다. 오히려 불손한 계획에 대한 반대 문장일 것이다. 우리 자신이 우리 삶과 일을 손안에 쥐고 있다는 스스로 의로운 확신에 반대되는. 그리고 우리가 이 일을 함께하는 사람들과 반대되는. 그리고 이 일이 일어나는 세계와 반대되는.

성서는 하나님이 그와 같은 불손을 제거하며 좌절하게 만드는 이야기로 가득 차 있다. 예를 들면 유명한 바벨탑 건설의 이야기이다. "하늘에까지 도달하는 탑을 짓자." 사람들은 결심한다. "우리의 이름을 높이기 위해." 그러나 하나님은 인간의 오만한 계획을 무효로 만든다.

후일 예수님은 부유한 농부에 관해 이야기한다. 그는 엄청난 수확을 거둬들여 떠들썩한 잔치를 벌이는 안락한 삶에 관해 꿈을 꾼다. 그의 초과 잉여가 다른 사람의 삶을 가볍게 할 수 있다는 사실을 그는 생각하지 못한다. 그러나 하나님은 다음과 같은 문장으로 그의 이기적 계획에 개입한다. "너 어리석은 인간이여. 바로 오늘 밤에 너의 삶을 도로 찾을 것이다. 그러면 네가 스스로 쌓아놓은 것이 누구의 것이 되겠느냐?"[10]

많은 사람이 세 개의 철자 'SCJ'를 합의하에 사용하는 데 익숙해 있다. 라틴어 구문 'Sub conditione Jakobi'(야고보의 조건 아래)[11]의 약자이다. 혹은 '그처럼 하나님이 원한다'는 독일어 문장의 약자 'SGW'이다. 그렇게 해서는 안 된다. 사람은 자신이 계획하고 감행하는 모든 것을 알고 생각해야 한다.

우리는 계획해야 한다. 그러나 하나님은 계획을 세운다. 그는 함께 관여하고 싶어 한다. 왜냐하면 우리와 세계를 위해 무엇이 좋은지를 알고 있기 때문이다. 우리가 이기적 꿈과 계획 속에 길을 잃지 않고 자유로이 머물기를 원하기 때문이다.

매일 주님의 기도를 드리는 사람은 눈앞에, 가슴속에 끊임없이 기도를 지니고 있다. 최초의 기원 가운데 하나는 다음과 같다. "하나님의 뜻이 이루어지이다."[12] 그렇다. '당신의' 뜻이다. '나의' 뜻이 아니다.

나는 생각한다. 이것은 나의 개성적 권한의 제한이 아니라 반대이다. 그것은 하나의 사면이다. 다음과 같은 사실을 인지하는 것은 얼마나 좋은가. 마지막으로 아무것도 나에게 달려있지 않다. 모든 것이 그에게 달려있다.

자 이제 긴장을 풀고 이 길을 걸어가자. 의연하게, 침착하게, 균형을 갖추어.

제8장

아모스 6.6

너희들은 큰 잔으로 포도주를 마시며 가장 좋은 향유를 부어준다.
그러나 요셉의 상해를 걱정하지 않는다.

잠깐. 아모스(Amos)[13]이다. 나를 의미하는가? 우리를 의미하는가? 당신은 우리 쇼핑몰의 하나에서 배회하였는가? 당신은 내가 저녁을 먹을 때 사랑하는 이탈리아인의 어깨 위를 보았는가? 내 옷장을 뒤져 보았는가? 나의 아마존 주문을 점검해 보았는가? 나는 모든 것을 가지고 있다. 우리는 가지고 있다. 모든 것을 풍성하게. 언제나 모든 것을.

우리는 배가 부르다. 그러나 만족하고 있는가? 그리고 당신은 우리 방식으로 살고 있는가? 니카라과의 저명한 시인 에스네스토 카르데날(Ernesto Cardenal)[14]은 《사랑의 책》에서 다음과 같이 적고 있다. "우리가 돌멩이를 집어 던져 튀어 오르는 것을 듣지 못한다면 샘의 깊이를 확신할 수 있는가? 사물이 안으로 떨어져 메아리를 남기지 않고 사라지며 우리가 사물이 떨어지는 것을 듣지 못한다면 영혼의 깊이를 확신할 수 없다. 하나님이 모든 영혼의 근저에 거주하기 때문에 영혼은 무한하다. 그리고 하나님 이외의 그 어떠한 것에 의해서도 채워지지 않는다."

그처럼 좋다. 지상이 아니라 하늘만이 영혼에 접근한다. 하나님이 영혼에 접근한다. 하나님만이 만족하게 하고 그가 만족할 수 있는 생명으로 도와준다.

아니다. 우리의 부유함이 아니라 그것이 우리를 배부르고 게으르고 눈멀게 하는 것이 문제이다. 그것이 선물로 주어진 것이라는 사실을 잊어버리는 것이 문제이다. 맡겨진 것이라는 사실을. 우리가 청지기이며 소유자가 아니라는 사실을.

'구두의 왕'으로 불리는 하인츠 호르스트 다이히만(Heinz-Horst Deichmann)[15]은 이렇게 말하였다. "내가 기증하는 것만이 내게 속한 것이다." 그에게는 많은 것이 속하였고 그는 많이 기증하였다. 그는 많이 기증하였기 때문에 많은 것이 그에게 속하였다. 많은 사람이 그것에 관해 노래를 부를 수 있다. 그는 다른 사람을 부유하게 만들었기 때문에 부유하였다. 그는 자신의 행복을 나누었기 때문에 행복하였다.

아모스여, 당신이 뜻하는 것은 그것이다. 우리가 가지고 있는 것을 다른 사람의 복지와 구원을 위해 내주는 것. 우리가 우리나라를 위해 스스로 참여하는 것. 그리고 세계를 위해. 우리가 우리 돈이 아니라 우리 시간과 사랑으로 더욱 잘되도록 보살피는 것. 받는 것이 아니라 주는 것이, 탐욕스러운 소유의 욕구가 아니라 나누는 것이 풍성하게 만든다. 하나님 자신이 이미 그렇게 하셨다.

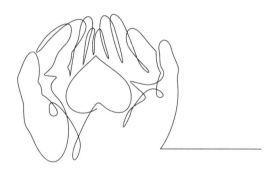

제9장

데살로니가전서 5.18

모든 일에 감사하라. 그것이 예수 그리스도 안에서
너희를 위한 하나님의 뜻이다.

나는 많은 경우 길 위에 있다. 대부분 자동차 안에. 그리고 홀로. 나는 그것을 즐긴다. 나에게 무엇을 원하는 어떤 사람도 광범위하게 있지 않다. 나는 할 수 있는 대로 큰 소리로 음악을 듣는다. 나는 원할 때면 언제나 휴식을 취한다. 나는 노래를 부르고 생각한다. 정말로 감사한다.

나는 가끔 내가 가진 모든 것을 헤아린다. 나 자신을 위해. 이와 함께 감사의 말을 표명한다.

나를 안전하게 목적지로 데려다주는 자동차에 대해.

패인 구멍이 없는 도로에 대해.

부패가 없는 질서에 대해.

기분 전환을 풍요롭게 하는 풍경에 대해.

태양, 구름, 바람, 비에 대해.

계절의 변화에 대해.

라디오 음악에 대해.

검열되지 않은 소식과 코멘트에 대해.

오늘도 다시금 선택의 고통이 동반된

내가 지닌 가재도구에 대해.

나를 기분 좋게 만든 아침 식사에 대해.

나를 기다리는 점심과 저녁 식사에 대해.

내가 거주할 수 있는 집에 대해.

내가 나의 삶을 나누는 사람들에 대해.

나를 사랑하고 때로 그저 참아주는 사람들에 대해.

내가 다른 사람을 위해 해결할 수 있는 과제에 대해.

성공한 프로젝트에 대해.

내가 일하고 있는 사람들을 위해. 불편한 사람들을 위해서도.

내가 숨을 쉬는 폐에 대해.

내가 말하는 것, 듣는 것, 보는 것, 냄새 맡는 것, 느끼는 것,

그리고 쓰는 것에 대해.

내가 기도할 수 있는 믿음에 대해.

이 여행과 나의 삶의 목표에 대해.

나를 무한히 그리고 모든 영원으로

사랑하는 하나님이 존재한다는 사실에 대해.

나는 자주 기도한다. 그리고 거의 목표에 이르지 못한다.

모든 감사의 말은 새로운 것을 가져오기 때문이다. 나는 긴장을 푼 상태로 와서 내 여행의 목표에 동기를 부여한다.

나는 나의 책 가운데 한 권의 제목을 '감사는 선한 일을 한다'고 명명하였다.[16] 나는 그렇게 믿고 항상 새로이 체험하기 때문이다. 감사는 시선의 방향을 바꾼다. 그리고 영혼의 상태를. 사고와 감정을 없는 곳에서 있는 곳으로 옮긴다. 감사는 영혼을 위한 작은 휴가이다. 만족하게 만들기 때문이다.

'감사는 선한 일을 한다.' 나에게. 그리고 내가 함께 살고 일하는 사람들에게. 감사하는 사람들은 보다 편안하며 주위의 긴장을 풀어준다. 그들은 다른 사람이 얻은 좋은 일의 결과를 질투하지 않고 기뻐할 수 있다. 그들은 무조건 칭찬할 수 있다. 감사하는 사람들은 감동을 받으며 다른 사람을 감동시킨다.

제10장

시편 97.10

너희 주님을 사랑하는 자들이여, 악마를 증오하라!

　증오하는가? 나인가? 진짜로 지금인가?

　나는 '증오하다'라는 말을 좋아하지 않는다. 내가 그 말을 읽거나 들을 때면 소름이 돋는다. 증오하는 자는 멸망한다. 증오하는 자는 터널의 시야, 터널의 사고, 터널의 감정을 가진 자이다. 그는 통제할 수 없고 제어할 수 없는 어두운 감정에 의해 움직인다. 증오하는 자는 자유롭지 못하다. 그는 증오할 뿐만 아니라 증오받아야 한다.

　내가 그렇게 하여야 하는가? 우리가 그렇게 하여야 하는가?

　그러나 보다 정확히 들여다보자. 히브리어로 쓰인 구약에는 증오에 해당하는 단어가 독일어처럼 극단적으로 들리지 않는다. 그것은 혐오나 경시의 정서를 나타낸다. 물론 상이한 뉘앙스에서. 때로는 단순히 거부를 의미한다. 반감을 표현한다. 그리고 적개심을. 독일어 단어는 이 모든 것을 제공하지 않는다.

악마를 증오한다는 것은 악의 적을 물리치는 것을 뜻한다. 강한 반감을 느끼는 것이다. 그렇다. 나는 그것을 알고 있다. 나는 드물지 않게 나의 마음속에서 그와 같은 것을 발견한다. 모든 형태의 불의에 대한 반감이다. 폭력과 강압에 대한, 음험에 대한. 그렇다. 나는 그것을 증오한다. 나는 그것을 꺼린다. 나는 그렇게 될 때마다 언제나 그것을 물리친다. 그것은 나, 더구나 하나님의 본질에 전혀 맞지 않는다. 그것은 그의 세계와 그에게 붙들려 있는 사람들에게 맞지 않는다.

왜냐하면 하나님에게는 그 반대가 맞기 때문이다. 하나님은 선한 아버지, 착상이 풍성한 창조주이다. 그는 자신의 창조가 잘되기를 원한다. 그는 사랑, 정의, 인간의 존엄, 동물의 평안을 원한다. 그렇기 때문에 그는 악마, 악을 싫어한다. 그는 악마를 힘차게 물리친다.

그는 다른 사람을 희생하는 근거 없는 탐욕을 싫어한다. 그는 모든 면에서 전쟁 추진 자의 잔인한 폭력, 권력 소유자의 자기 사랑을 싫어한다. 산업적 동물착취, 자신의 분위기에서의 산화 질소, 자신의 바다의 플라스틱 섬을 싫어한다. 그는 증오한다. 나 역시 증오한다. 나는 그의 편에서 사람들이 그와 그의 선한 삶의 규율로 돌아가도록 싸운다.

증오한다. 자세와 행위. 그렇다! 그러나 인간이 아니다! 예수님은 악마를 증오하였다. 그러나 그는 세상에 주어진 사람들을 위해 죽었다.

그를 따르는 것은 다음과 같은 것이다. 나는 양보함이 없이 악에 대항하여 행동하였다. 그러나 악을 초래한 사람들을 항상 새로이 십자가 아래로 끌어들이려 한다. 하나님의 통치 아래서 서로 가까워지는 장소로. 밝은 하늘과 어두운 대지가 사랑 안에서 자신의 세계를 위해 뜨겁게 빛나는 장소로.

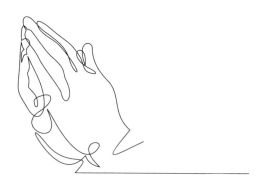

제11장

누가복음 15.20

그가 아직 멀리 있을 때에 그의 아버지가 그를 보고
측은한 마음이 들어 달려가 목을 끌어안고
그에게 입을 맞추었다.

사람은 먼지에서 만들어졌다.[17] 하나님, 아버지, 고국으로부터 떨어져서. 그는 상속에 대한 자신의 분깃을 주장하며 다음과 같이 말하였다. "아버지여 당신이 이미 죽기 원합니다." 결코 이보다 더 나쁠 수는 없다. 그것은 돌아올 수 없는 이별이다. 식탁보는 영원히 찢어졌다.

상속은 빨리 이루어졌다. 집에서 매우 멀리 떨어진 낯선 곳에서. 그곳에서 통용된 모든 것으로부터 떨어져. 갑자기 그는 빈털터리가 되었다. 문자 그대로. 아무도 그를 도와주지 않는다. 다행히 그는 돼지치기 일자리를 발견한다. 이 또한 그가 얼마나 멀리 떨어져 있는가를 보여준다. 유대사회에서는 돼지를 보호하지 않는다. 돼지는 불결한 짐승으로 통한다.

그에게는 더 이상 먹을 것이 없다. 살아있다고 해도. 그는 삶을 고향에 남겨두었다. 점점 황혼이 깃든다. 냄새나는 돼지 오물 가운데에서 그는 결심한다. "나는 아들로 돌아갈 수 없다. 그러나 아마 뜰에는 나를 위한 일자리가 있을 것이다." 임금계약 없이 명료하게. 아마 하루 품꾼으로. 이것은 거대한 비하이지만 이곳의 생활처럼 나쁘지는 않을 것이다.

그리하여 그는 길을 떠난다. 그리고 집의 뜰에 점점 가까이 다가간다.

그사이에 어떤 일이 벌어졌는가? 아버지는 자신의 아들을 끌어당겼다, 정말로. 그는 아들이 요구한 돈을 주기 위해 자신의 경작지를 팔았다. 그렇다. 아들이 떠나간다는 것은 가슴이 찢어지는 일이었다. 그러나 그는 아들의 사랑을 결코 중단하지 않았다. 그는 기다리는 것을 결코 중단하지 않았다. 이야기는 이렇게 말한다. "아들이 아직 멀리 있을 때에 그의 아버지가 그를 보고 측은한 마음이 들어 달려가 목을 끌어안고 그에게 입을 맞추었다." 늙은 아버지는 더러워지고 쇠약해진 아들 위에 자신의 손을 올려놓고 말한다. "너는 이제부터 즉시 내 아들이다. 원래 너는 내 아들이기를 결코 중단한 일이 없다."

잠깐만! 그렇게 빨리 가지 말자! 그럴 수 있는가? 그런 일이 있을 수 있는가? 아니다. 있을 수 없다. 있지도 않다. 그런 일은 일어나지 않는다! 그 당시에 아버지의 이웃도 그렇게 반응하였을 것이다. 이야기를 들은 예수님의 청중도 정확히 그러하였을 것이다. 식탁보가 한번 찢어지면 다시 꿰맬 수 없다. 다 끝나고 지나간 것이다!

예수님은 말하려 한다. "그렇다. 너희에게는 그렇다." 그러나 하나님에게는 그렇지 않다. 사람은 그와 함께 새로이 시작할 수 있다. 항상 새로이, 사전형벌 없이. 하나님은 다시 돌아오는 모든 사람을 위해 축제를 베푼다. 그가 이전에 하나님의 죽음을 원하였다 하더라도. 그가 돼지로부터 온다 하더라도.

제12장

이사야 58.7

가난한 자를 위해 네 빵을 떼라.
그리고 재앙 속에서 숙소가 없는 자들을 집으로 안내하라!

이 도시에서는 소수의 사람만이 부유하다. 이 구역에 거주하는 사람들은 가난하다. 정말로 가난하다. 거리는 진흙에 파묻히고 광장은 쓰레기로 더럽혀지고 집은 부서지고 사람들은 피폐해진다. 우리는 나이로비[18] 외곽지역을 통과해 걸어간다. 케냐, 아프리카. 그리고 갑자기 새로 세워진 학교 앞에 멈춘다. 모든 것이 약간 다르다. 담벽과 인간이 우리를 위해 별도로 닦여진 것처럼. 하나의 학교, 피난처, 집, 고향이다. 이곳에서 살아가며 배우는 아이들은 얼굴에 미소를 띠고 있다. 그들의 교사, 지도자처럼. 그는 모세 음위나(Mose Mwina)라고 불린다.

몇 년 전에는 그 누구도 그를 신뢰하지 않았다. 정말로 아니었다. 모세 음위나는 나이로비에서 작은 범죄자였다. 작은 사기 사건으로 명맥만 유지하였다. 언제나 새로이 건축일에 종사하였다. 그곳에서 기술을 익혔다. 점점 교활해졌다. 언젠가 작은 범죄자가 아니라 큰 범죄자가 되었다.

누군가 작은 라디오를 그의 감방에 밀어 넣었다. 그는 기독교 방송을 듣기 시작하였다. 그리고 자신의 잃어버린 아들과 딸을 위한 가슴을 지닌 천상의 아버지에 관해 들었다. 새로운 삶을 제공한 그. 총체적 용서, 완전한 새 출발이었다. 모세 음위나는 주저하지 않고 천상의 아버지에게 자신의 가슴과 생명을 내주었다.

바깥세상에 나오자 다시금 천상의 아버지에게 속한 다른 사람들을 찾았다. 형제, 자매. 그러나 그들은 새로운 가족구성원이 어디에서 삶의 마지막 해를 보냈는지 알게 되자 눈에 띄게 소극적이 되었다.

"그러나 한 사람은 달랐다"고 모세 음위나는 말한다. "그는 언제나 새로이 나를 자기 집에 초대하였다. 식사를 위해. 더구나 자기 자동차까지 나에게 빌려주었다!" 나에게, 하필이면 나에게. 나는 예전에 자동차를 부수고 훔쳤다. 이 사람은 모세 음위나의 아버지처럼 되었다. 잃어버린 아들에게 아버지가 되어줄 정도로 그를 힘차게 도와주었다. 다른 잃어버린 아들과 딸들을 위한 아버지이다. 그는 몇 명의 아이와 함께 시작하였다. 작은 거처에서. 이제는 국립학교로 성장하였다. 그리고 수많은, 수많은 크고 작은 아이들이 이미 친절한 천상의 아버지를 알게 되었다. 그리고 친절한 지상의 대리자를.

제13장
미가 7.8

내가 어둠 속에 앉아있을 때라도 주님은 나의 빛이다.

이것은 예언자 미가[19]의 문장이다. 치열하게 싸우고 공포를 주는 예루살렘 도시가 그의 대상이었다. 그것은 나의 문장이다. 헤아릴 수 없이 많은 다른 믿는 사람들의 문장이다. 감사하게 과거를 돌아보며 회상 속에서 다음과 같이 말할 수 있는 사람들의 문장이다. "나는 그것을 경험하였다. 체험하였다. 느꼈다." 그곳에는 언제나 빛이 있었다. 자주 하나의 미세한 빛일 뿐이다. 깜박거리는 빛이다. 그러나 그곳에 있었다. 그곳에는 언제나 힘이 있었다. 그곳에는 언제나 사랑이 있었다.

어떤 여인이 제2의 화학요법 치료[20]를 받아야 한다. 유방암에 대처하는 마지막 수단이다. 그녀는 두려웠고 혼란에 빠졌고 의심으로 가득 찼다. 그리고 다음과 같이 기록한다. "그렇다. 아버지가 거기 있었다. 온 힘으로 그를 느꼈다."

그렇다, 나중에. 회상 속에서 의심과 다툼의 여지가 없었다. 하나님은 그곳에 있었다. 내가 그를 느끼지 못한 곳에도 있었다. 내가 그의 사랑을 믿지 못한 곳에도. 그의 돌봄을 깨닫지 못한 곳에도.

어둠 속에서도 하나님의 빛은 빛난다. 이미 오래전에 밤에 의해 삼켜졌다고 내가 생각할 때도. 늦어도 새 아침이 밝아올 때. 나는 알고 있다. 그렇다, 빛은 언제나 그곳에 있었다. 나를 밝혀주었다. 나에게 힘과 희망을 주었다.

우리가 천상의 조망에서 우리 삶을 되돌아본다면 어떨 것인가? 우리가 지상에서 희미한 불빛을 볼 수 없는 연관을 인식한다면, 우리가 매 순간마다 붙들려진다는 것을 발견한다면, 붙들려지고 사랑받고 지탱된다는 것을.

모든 불빛이 꺼져 까마귀처럼 검은 절망의 순간에 무엇이 있는가? 내가 더 이상 모든 것을 믿을 수 없다면, 하나님의 현존에 관해 더 이상 전혀 아무것도 감지할 수 없다면, 전혀 이해할 수 없다면, 하나님이 무한히 먼 곳에서 빛난다면, 그렇다면 되돌아보는 것이 좋다. 나를 위해 믿는 사람을 곁에 두는 것이 좋다. 나를 위해 신비롭게 하나님의 자리로 들어서는 사람, 그의 사신으로, 천사로. 내 손과 가슴을 붙잡아주는 사람, 그의 곁에. 내가 느낄 수 있는 따스함과 가까움을 나에게 선사하는 사람, 그의 곁에. 나를 위해 그처럼 하나님을 구체적으로 보여주고 눈앞에 보듯 생생하게 만드는 사람.

본회퍼(Dietrich Bohnhoeffer)는[21] 이렇게 기록한 적이 있다. 다른 사람 속에 있는 그리스도가 자신의 마음속에 있는 그리스도보다 훨씬 강하다. 그렇다. 나는 사람을 필요로 한다. 나는 다른 사람 속에 있는 그리스도를 필요로 한다. 그리고 사람들은 나를 필요로 한다. 내 안에 있는 그리스도를.

제14장

창세기 28.15

내가 너에게 약속한 모든 것을 이행할 때까지 나는 너를 떠나지 않으리라.

'도피의 길에서'. 이것은 야곱의 생애에 관한 영화에 적합한 제목이다. 그는 항상 새로 도피해야 한다. 이미 처음에. 그는 아버지 이삭의 축복을 가로챘기 때문에 분노한 형님으로부터 도피해야 한다. 축복은 그에게 주어진 것이었다. 야곱은 기만자이다.

이제 그는 네게브(Negev)의 베르셰바(Beerscheba)[22]와 메소포타미아 하란(Haran)[23] 지역 사이 어느 곳에서 밤을 지낼 잠자리를 마련한다. 그는 돌멩이를 베개 삼아 잠이 든다. 그리고 꿈을 꾼다. 그리고 계단의 사다리를 본다. 그 사다리는 하늘에까지 닿아있다.[24] 그리고 그는 하나님을 본다. 하늘의 사다리 위에서. 당시의 사람들에게 하늘은 분명하게 위에 있었다. 사람이 거주하는 지상의 바로 위에. 위에 하나님, 아래에 야곱. 어쨌든 루터(Luther)는 그렇게 번역한다. 오늘날에는 히브리어 성서가 어떤 다른 것을 의미한다는 사실이 개연성이 높다. 즉 하나님이 위가 아니라 아래에 서 있다. 야곱 앞에. 말하자면 눈높이에.

하나님은 기만자 야곱에게 무슨 말을 하였는가? 그는 야곱을 비난하지 않는다. 반대이다. 하나님은 이미 아브라함에게 제공한 약속을 새로이 한다. "너와 너에게 속한 모든 사람을 통해 지상의 모든 종족이 축복을 받을 것이다." 모든 종족, 다시 말해 모든 세대와 백성이다. "나를 통해??" 야곱은 꿈속에서 물어보았는가? "그렇다. 너를 통해!!"

야곱, 야곱을 통해, 야곱 이후에. 이제 오늘 여기에서 우리에게도 통하는 신기한 약속이 찾아온다. "내가 너에게 약속한 모든 것을 이행할 때까지 나는 너를 떠나지 않으리라."

야곱이 잠에서 깨어나자 그는 그 꿈을 잊어버리지 않았다. 그는 그것이 꿈이 아니라 하나님과의 실제의 만남이라는 사실을 알았다. 그는 자신의 돌베개를 집어 세워놓고 그 위에 기름을 뿌리며 말한다. "이 장소는 거룩하다. 하늘과 땅은 서로 만났다. 여기에서 하나님은 말씀하였다." 그는 그 장소를 벧엘(Bet-El)[25]이라 불렀다. 하나님의 집.

무엇을 나는 배우는가? 하나님은 언제나 제일 먼저 온다. 그의 은혜와 사랑은 제일 먼저 온다. 그가 나를 향해 주는 말씀은 내가 최초의 말을 그에게 드리기 오래전에 찾아온다. 그리고 하나님이 이 야곱과 함께 그처럼 강력한 역사를 기록한다면 나와 함께 작은 역사를 기록하지 않겠는가. 천상의 사랑과 충성으로 완전히 채워진 하나의 이야기.

제15장

사무엘상 3.19

그러나 사무엘은 성장하였다. 주님이 그와 함께 하였고 그의 말 가운데 하나도 땅에 떨어지지 않게 하였다.

이것은 원래 아름다운 문장이다. 그러나 그는 내가 아직 어렸을 당시에 젊은 사람에게 자주 우리가 입을 다물도록 하였다. 우리가 너무 방종하거나 불손할 때면, 너무 건방지거나 주제넘을 때면, 그때에는 모든 어리석은 발언이 땅에 떨어지는 말이었다. 모든 바보 같은 윗트가. 우리가 당시에 '힘의 표현'이 라고 부른 모든 것이 어쨌든 그랬다. 사람이 이성적인 것만을 말해야 하는가? 전혀 그렇게 되지 않았다! 그것은 분명히 지루하였다.

오늘날 나는 알고 있다. 우리는 우리 말로 무엇을 지향하는지 명료하게 하여야 한다. 혀는 때로 주먹보다 더 많은 것을 파멸시킬 수 있다. 성서에는 이에 관한 많은 교훈이 들어있다. 그러나 사무엘상의 이 문장은 단지 제한적인 근거로 사용된다.

그것은 하나님의 부름받은 예언자인 특별한 인간 사무엘[26]에 관해 무엇인가 말한다. 하나님이 그에게 부여한 특별한 권위, 특별한 권능에 관해. 그의 말은 적중하였다. 가슴속으로, 단순한 목자의 가슴속으로, 다가올 왕의 가슴속으로. 사무엘의 모든 말은 분명히 하나님에 의해 채워졌다. 천상의 명료와 진리, 천상의 사랑과 자비로. 그의 말 가운데 어떤 것도 땅에 떨어지지 않았다. 먼지 속에, 오물속에. 그 어느 것도 헛되이 말해지지 않았다.

그러나 나는 다시금 갑자기 나의 곁에 있다. 내가 말하는 것에. 그것은 사무엘처럼 천상의 명료와 진리, 천상의 사랑과 자비로 채워져 있는가? 나는 말의 무절제에 괴로워하며 하루종일 말하고 말하고 말하는 사람들에게 속하지 않는다. 이와 같은 사람들이 정말로 있다. 그들이 생각하는 모든 것은 즉시 나와야 한다. 아니다. 나는 보다 침묵하는 자에 속한다. 물론 무대 위에 서 있거나 스튜디오에 앉아있을 때를 제외하고. 나는 내 이야기로 다른 사람의 신경을 건드리고 싶지 않다.

그러면 나는 훌륭하게 바깥에 있는가? 순수하게 질적으로 나에게는 다른 사람보다 적게 땅에 떨어진다. 그러나 이것은 무엇을 의미하는가! 양이 아니라 질의 문제이다.

나는 이미 다시금 하나님과 함께 있다. 사무엘의 말은 하나님이 그곳에 있었기 때문에 땅에 떨어지지 않았다. 나는 하나님이 내 말 속에 있어 달라고 청원할 수 있다. 그리고 내 침묵 속에.

제16장

에베소서 2.17

그는 왔다. 그리고 복음 속에서 너희에게 평화를 선포하였다. 너희에게 멀리 있는 평화를. 가까이 있는 사람에게 평화를.

그는 때때로 이렇게 말하였다. 예전에 그들은 성탄전야에 항상 예루살렘에서 베들레헴으로 갔다. 예루살렘은 그의 고향이었다. 정확히 말하면 성벽에 둘러싸인 옛 도시의 아르메니아[27] 거주지역이었다. 그는 그곳에서 자라났다. 아르메니아인이었기 때문에. 후일 그는 독일 복음방송 동업자로 수십 년 동안 국제 라디오 선교회 'TWR'[28]의 아르메니아 라디오 프로그램 책임을 맡았다. 야콥 잠바지안(Jakob Jambazian).

최근 대강절 주간에 내가 옛 거주지역을 산책하였을 때에 그는 다시금 내 앞에 서 있었다. 나는 생각하였다. 오늘은 그와 같은 성탄 산책은 가능하지 않다. 예루살렘과 베들레헴 사이 그 어느 쪽에도 건너갈 수 없는 경계가 있다.

그것은 공포의 경계이다. 누구나 다른 사람에 대해 두려움을 갖고 있다. 그 어떤 해결책도 시야에 없다. 실제의 평화는 참으로 도달할 수 없이 먼 곳에 있다.

경계를 보호한다. 경계를 분리한다. 많은 사람이 보이지만 다른 사람들은 보이지 않게 숨어있다. 인간들 사이의 경계, 확신 사이의 경계, 가장 강하게 하늘과 지상 사이의 경계, 창조주와 피조물 사이의 경계.

그러나 하나님은 그와 같은 경계를 일방적으로 완전히 분쇄하였다. 하늘이 세계로 내려왔다. 베들레헴에. 그리고 바로 인간 사이에 존재하는 경계가 들어 올려졌다. 구유의 아기 예수님 앞에서. 아래에는 양과 염소의 냄새가 나는 목동들이, 위에는 좋은 냄새를 풍기는 동방의 마법사가 무릎을 꿇는다.

경계는 극복된다. 그것은 작게 시작된다. 짐승 먹이 구유의 아기와 함께. 비록 적의 집단에 속하지만 예수님에 의해 서로 만난 한 줌의 사람들과 함께.

그와 같은 평화는 물론 드물게 주어진다. 그것은 값이 비싸고 많은 것이 소요된다. 때로는 생명의 제공이. 예수님은 그것을 경험하였다. 그러나 그는 값싸게 소유할 수 없다.

제17장

누가복음 19.10

인자는 잃어버린 자를 찾아 축복하기 위하여 세상에 왔다.

작은 사람들은 간과되고 무시당하기 일쑤다. 그래서 많은 작은 사람들은 조용하고 낮은 자세로 결심한다. "나는 당신들 모두에게 곧 보여줄 것이다. 당신들은 언젠가 더 이상 나를 낮게 보지 못할 것이다."

세금징수원 삭개오[29]도 키가 작은 남자였다. 그는 부자가 되었다. 작기 때문이었을까? 이것은 약간 과도한 해석일 것이다. 어쨌든 그는 가난한 부자였다. 그는 많은 것을 소유하였지만 결정적인 것이 없었다. 중심이다. 의미이다. 영혼의 평화이다. 북방의 구원자이며 방랑의 설교자인 예수님이 영혼의 평화를 지니고 있지 않았던가?

그는 예수님을 보고 싶어 했다. 가능하면 사람들에게 보이지 않은 채로. 그래서 그는 무화과나무 위로 기어 올라갔다.

그렇게 해서 그는 사람들로부터 몸을 숨길 수 있었다. 그러나 신비의 예수님으로부터 숨겨진 것은 아니었다. 예수님은 그의 나무 바로 아래에서 걸음을 멈추었다. 위를 쳐다보고 삭개오의 눈을 깊이 들여다보며 그에게 말을 걸었다. 그의 이름과 함께. 그리고 스스로 자신을 삭개오 가정의 저녁 식사에 초대하였다. 동방에서는 특별한 형태의 명예로운 증거였다.

그러고 나서 그들은 함께 앉아 먹고 마시며 서로 이야기한다. 게네사렛 호수[30]의 성자는 완전히 세속적인 자와 함께 자리를 잡았다.

예수님은 귓속말하는 도시의 경건한 자들에게 말한다. "인자는 잃어버린 자를 찾아 축복하기 위해 세상에 왔다."

예언자들에 의해 선포된 세계 심판자 인자이다. 사람들은 말한다. 그는 심판하는 것이 아니라 구원하려 한다. 그는 하나님의 잃어버린 자를 구원하기 위해 세상에 왔다.

이 기이한 이야기는 항상 새로이 언급되었다. 셀 수 없는 아동용 뮤지컬에는 삭개오가 흥겨움을 주는 꼬마 난쟁이로 소개된다. 아마 그랬을런지 모른다. 아이들은 배운다. 예수님은 작은 사람들에게 온다. 그것은 좋은 일이다.

그러나 이 이야기는 원래 작은 삭개오가 아니라 잃어버린 삭개오가 중요하다. 하나님은 그를 잃어버렸고 다시 소유하려 한다. 삭개오를, 나를, 우리를, 이 세계를. 예수님은 당시에도 찾았고 오늘도 찾는다. 나는 내가 새로이 발견되는 데 대해 기뻐하고 있다.

제18장

시편 32.2

그의 영에 오류가 없는 주님이 죄를 부과하지 않는 사람은 복이 있다.

그는 날카롭게 휘파람을 불었다. 그리고 흰색 장갑을 낀 손의 힘찬 동작으로 우리를 자신에게 이끌었다. 나의 할머니와 나는 무릎이 덜덜 떨렸다. 나는 다섯 살 정도 되었다. 우리는 단지 재빨리 거리를 지나가려 하였다. 급하였기 때문이다. 그러나 당시에 모든 사람이 '보호자'라고 부른 경찰은 우리 도보자를 위해 길을 비워 놓지 않은 지 오래되었다. 이제 그는 층계의 단 위에서 엄숙하게 우리 가난한 죄인을 내려다보았다. "오늘 오후 3시에 경찰서 당직자에게 가십시오! 나는 당신들에게 4주 동안의 교통 교육 형벌을 부과해야 합니다."

오후에 우리는 기가 죽은 채 그와 마주하였다. 그는 우리 양심에 호소하였다. 우리는 죄의식으로 고개를 끄덕였다. 그는 휴식 시간을 가졌다. 그러고 나서 말하였다. "그러면 좋습니다. 이번에는 당신들의 교통교육을 면해주려 합니다. 그러나 다시는 나에게 이런 일이 일어나지 않도록 하십시오." "아닙니다! 아닙니다! 아닙니다." 우리는 경쟁적으로 고개를 끄덕이며 얼굴이 환해졌다. 그리고 행복한 마음으로 집으로 천천히 돌아왔다. 우리는 자유로워졌다! 우리는 은총을 받았다! 얼마나 놀라운가!

무한히 좋게 은총을 받는다. 인간에 의해서. 그러나 하나님으로부터 얼마나 더 큰 은혜를 받겠는가! 은혜를 베푸는 것은 예수님 복음의 중심이다. 사람들은 새로이 시작할 수 있다. 과거의 짐은 사라졌다. 죄는 용서받는다. 심지어 하나님 사랑의 바다 속에 가라앉는다. 이 바다의 입구에는 말뚝에 표지판이 걸려 있다. "낚시 금지". 코리 텐 붐(Corire ten Boom)[31]은 이렇게 말하였다.

낚시 금지 … 이것은 할머니와 내가 우리 경찰관에게 체험한 것과는 다른 것이다. 그가 우리를 다시 한번 붙잡는다면 그것은 우리 차례일 것이다. 이중으로, 그렇다면 형벌은 더욱 강해질 것이다. 우리의 첫 번째 교통 위반에 대한 사면의 형벌은 그대로 새로운 형벌에 추가될 것이다. 우리가 재범이 되는 것은 명백하다.

그러나 하나님에게는 재범이 없다. 하나님이 용서한 것은 잊혀진다.

우리 성서가 시편 32편으로 표기한 노래의 저자는 이것을 예감하고 있다.[32] 우리는 오늘날 그것을 알 수 있다. 하나님이 증거하였기 때문이다. 예수님은 하나님의 영원한 자비의 증거이다. 그의 십자가 죽음, 그의 부활은 이사야 예언자가 이미 선포한 것을 증거한다. "우리가 화평을 누리도록 형벌이 그의 위에 놓여있다. 그의 상처로 인해 우리는 구원을 받았다."(사 53.5).[33] 영원히 구원되었다.

제19장

레위기 26.13

나는 너희를 이집트에서 인도한 주님, 너희 하나님이다.
너희가 그들의 종으로 남지 않고 너희 멍에를 깨뜨리고
똑바로 서서 걸어가게 하기 위함이다.

그녀는 해방되었다. 과거에 그녀를 매혹시킨 나르시즘의 곤
궁으로부터. 그녀를 손으로 떠받친 자. 단지 그녀가 감동을 받
도록. 그녀의 감동이 줄어들고 점차 그의 개성의 어두운 면이
드러나자 그는 예전에 떠받친 똑같은 손으로 그녀를 때렸다. 마
침내 그녀는 해방되었다. 스스로 자신을 해방하였다는 말이 더
정확하다. 그와 같은 감옥에서 홀로 빠져나오는 일은 드물기 때
문이다. 그녀에겐 인간의 도움이 있었다. 지혜로운 충고자, 가
슴이 열린 친구, 그리고 그녀에겐 하나님이 있었다. 해방자.
그러고 나서 그녀는 그를 만났다. 그는 그녀가 스스로 해방된
그 사람 같았다. 그들 관계의 처음 몇 개월에도 그러하였다. 그

는 그녀를 손 위에 떠받쳤다. 그녀가 어느 날 자신이 악한 유희에 빠졌다는 사실을 깨달을 때까지. 그녀는 다른 감옥에 착륙하기 위해 하나의 감옥을 떠났다.

그와 같은 일은 자주 일어난다. 유감스럽게도 언제나 새로이. 옛 모형이 우리 영혼 속에 깊숙이 불타서 우리의 크고 작은 결정에서 그들에게 향하는 것 이외의 다른 방법이 없기 때문이다. 우리는 자유로운가? 우리는 자유롭게 되기를 원하는가? 우리는 할 수 있는가? 학자들은 이에 관해 수세기 전부터 논쟁을 벌였다. 성서는 말한다. 아니다. 우리는 자유롭지 못하다. 지구의 저편에서 우리는 수천 사람의 노예가 되어있다. 우리 자신이 아니다.

아우구스티누스[34]는 인간의 자유는 우리 쇠사슬의 떨그렁 소리에 불과하다고 탄식한 적이 있다. 우리가 매일 체험하는 것이다.

무엇이 탈출구인가?

진정한 자유는 예수 그리스도와의 결속에 존재한다. 다른 주인, 자기 자신, 자신을 규정하는 모형의 노예가 되고 싶지 않은 자는 예수님에게 매여야 한다. 그곳에 자유가 있다. 그곳에만 있다. 또 다른 비유상이다. 예수님 앞에 자신의 무릎을 꿇는 자는 사람에 의해 무릎을 꿇어서는 안 된다. 그는 똑바로 서서 똑바로 걷고 똑바로 살아갈 수 있다.

제20장

히브리서 6.11

우리는 당신들 모두가 끝까지 희망을 붙잡는
동일한 열정을 증거하기 원합니다.[35]

사람들이 그를 감옥에 넣었다. 그가 권력 소유자에게 너무 불
편하였기 때문이다. 심지어 위험하였다. 국가의 적이다. 그는 그
곳에 앉아있었다. 2년 동안. 처음에는 심문의 감옥에, 나중에는
집단수용소에. 디트리히 본회퍼(Dietrich Bohnhoeffer)이다.

그가 제2차세계대전이 끝나기 직전 히틀러의 개인적 명령으
로 사형에 처해졌을 때 그는 감옥 동료에게 이렇게 말하였다.
"그것은 나에게 끝이다. 그러나 또한 시작이다."[36]

히브리서 저자는 그에게 만족하였을 것이다.

"우리는 갈망한다"라고 그는 쓰고 있다. 통합성서에는 보다 친
절하게 적혀 있다. "우리는 스스로 원한다…" 그것이 그 의미였
을 것이다. 누가 다른 사람으로부터 그와 같은 것을 요구할 수

있는가? 사람은 스스로 그것을 요구할 수 없다. 포기하지 마십시오! 차라리 희망이 파괴하는 것을 포기하십시오. 당신들이 인상을 받았다면 아직도 당신들을 붙잡고 있는 사람에게 주십시오. 당신들은 격분한 채로 밑바닥에서 비틀거리고 있습니다.

하나님이 계신 그 위로 희망을 붙드십시오. 그의 사랑은 모든 증오보다 강합니다. 그는 목표에 도달합니다. 세계의 끝에 하늘이 기다립니다. 고통이 매일 악화되더라도. 75년 전 디트리히 본회퍼가 사형의 위협에 직면하였을 때,[37] 우리는 삶에나 죽음에나 붙잡혀 있습니다.

이와 같은 희망으로 나는 살고 죽고 싶다, 나는 아직 보지 못한다. 그러나 나는 이미 그 무엇을 본 사람들을 믿는다. 나는 희망의 말씀을 듣고 읽는다. 많은 삶의 보고서에 수록된 것, 특히 위대한 희망의 책 성서에.

제21장

마태복음 6.13

우리를 악에서 구하여 주십시오.[38]

이것은 주기도문[39]에 청원으로 나타난다. 상당히 뒤에. "우리를 악에서 구하여 주십시오." 이후에는 곧바로 환호의 노래로 넘어간다. "당신의 나라와 권능과 영광이 영원하리라." 사람은 결코 너무 오랫동안 악에 머물러있을 수 없기 때문이다. 악이 마음, 뇌, 사고, 감정을 차지하고 장악할 수 없도록.

주기도문은 모든 기도의 어머니이다. 모든 기도의 척도이다. 고색창연하지만 매일 새롭다. 정말로 매일 주기도문으로 기도할 것을 추천한다. 동일한 것을 여러 차례에 걸쳐. 이 기도에는 사람이 기도할 수 있고 기도해야 할 모든 것이 들어있다. 결국 그것은 '주님의 기도'이다. 제자들이 어떻게 기도해야 하는지 물었을 때 예수님에 의해 개인적으로 서술된 기도이다. 짧고 훌륭하고 충만하게. 지상 전체와 하늘 전체이다.

힘찬 기도의 마지막에는 힘찬 청원이 나온다. "우리를 악에서 구하여 주십시오." 이 세계와 우리의 마음속에 있는 악에서. 우리 주위와 우리 안에 있는 악에서. 오늘 우리를 구하옵소서. 우리를 매일 새로이 구하옵소서. 우리 날의 매 순간과 그 어느 때라도.

우리를 멀어지게 하고 우리와 하나님 사이, 우리와 동료 사이에 끼어드는 악한 것, 악한 자. 우리를 어둠으로 유혹하는 악한 것, 악한 자. 우리 모든 희망을 가혹하게 추방하는 악한 것, 악한 자. 하나님의 자리로 들어오려는 악한 것, 악한 자. 사랑, 자비, 빛의 자리로. 스스로 선으로 나타나는 데서 정점에 이르는 악한 것, 악한 자. 어둠의 영주는 '빛의 천사'를 내보낸다.

그것은 거기에 있다. 그는 거기에 있다. 어두우면서 동시에 밝게. 우리 구역을 정하고 우리를 현혹한다. 우리를 위협하고 억누른다. 우리는 보호받아야 한다. – 더 좋게 말하면 – 손길에서. 유일하게 선한 목자, 우리 주님의 손길에서. 빛이요 사랑인 자의 손길에서.

우리는 오늘, 그리고 항상 새로이 기도하려 한다. "우리를 악에서 구하여 주십시오. 당신의 나라와 권능과 영광이 영원하리라. 아멘."

제22장

요나 2.3

나는 두려움 속에
주님에게 부르짖었다.
그리고 그는 나에게 응답하였다.[40]

때로는 몹시 심하게 나타난다. 때로는 모든 것이 너를 저주한다. 비뚤어지게 갈 수 있는 것은 비뚤어지게 간다. 너는 꽉 막힌 골짜기에 개들이 쫓아간 토끼처럼 나타난다. 너의 가슴은 공포로 소용돌이친다. 죽음의 공포로. 너의 뇌는 공중에서 빙빙 돈다. 절망한 채 해결책을 찾아보지만 그 어디에도 없다. 끝장이다. 마지막이다. 다 지나갔다. 그 어떤 사람도 더 이상 도와줄 수 없다. 그 어떤 사람도 하나님도.

갑자기 하늘에서 말씀이 너를 강타할 때. 성서를 통해, 한 인간을 통해, 성령의 섬광을 통해, 이제 너는 하나님이 너를 완전히 잊어버리지 않았다는 것을 아주 조심스럽게 예감하기 시작한다. 그가 도울 수 있다는 것을. 그가 도우려 한다는 것을. 네가 그의 팔에 던져져야 된다는 것을. 이 사랑스러운 아버지의 팔에. 네가 그의 손을 붙잡아야 한다는 것을. 손톱에 의해 관통된 손을. 너의 생명이 그의 가까이에서 안전하다는 새로운 양심이 너의 마음속에 조용히 자라난다.

구약에는 하나님의 뜻에 저항한 예언자 요나[41]에게 이와 비슷한 일이 일어난다. 그의 하나님의 위임은 명확하였다. 니느웨[42]에서 참회를 설교하는 것이다. 그러나 그의 거절도 명확하다. "나는 그렇게 하고 싶지 않습니다. 나는 그렇게 하지 않습니다. 다른 사람을 찾으십시오."

요나는 멀리 떠났다. 육지와 물로. "당신이 할 수 있으면 나를 잡으십시오." 하나님은 하실 수 있었다. 큰 고기 한 마리를 보내어 도피의 갑판 위에 있는 예언자를 삼켜버렸다.

그리고 이제 그는 끈적끈적한 물고기 뱃속에 앉아있다. 드물게 살아서. 그리고 - 그는 기도한다. 요나는 기도한다. 방금 전까지도 추적을 피하고 싶은 하나님에게. 하나님은 불쾌하게 피하지 않는다. 하나님은 듣는다. 그리고 도망하는 예언자를 땅으로 뱉어내라고 물고기에게 명령한다.[43]

그리고 나서 하나님은 다시 한번 시도한다. 그는 자신의 위탁을 반복한다. 요나는 간다. 그리고 설교하여야 할 것을 설교한다. 그리고 자신의 설교가 결코 기대하지 못한 효과를 나타낸다는 사실을 체험한다. 니느웨 사람들은 참회하고 회개한다.

요나는 마지막으로 고백한다. "주님, 당신은 나의 구원자입니다!" 나의 해난의 구원자, 나의 물고기 뱃속 구원자, 나의 삶의 구원자! 이 하나님은 당신과 나를 구원할 수 있다. 영원히, 그리고 항상 새로이.

제23장

베드로전서 5.5

너희 젊은 사람들도 이와 같이 노년의 어른에게 순종하라.[44]

이 말씀은 이해하기 쉽지 않다. 그것은 나쁘게 평가되어 눈살을 찌푸리는 수많은 발언으로 희화화된다. "나는 나의 겸손에서 그 누구에 의해서도 추월당하지 않는다." 이와 같은 말은 뻔뻔스럽다. 그리고 유감스럽게도 너무 자주 정당화된다. 그곳에는 수수하고 겸손한 사람이 다른 사람 앞에서 불손하게 빛나려 한다. 겸손은 경건한 분장으로 타락한다. 겸손은 바깥으로 미소를 짓는다. 그 안에는 교만이 입을 비죽이며 웃고 있다.

베드로가 의미한 것은 이것일까? 겸손으로 옷을 입는다? 겸손은 우비처럼 위에 걸칠 수 있는가? 그리고 그 안에 원래 존재하는 모든 것이 남아있는가? 우리는 우리가 존재하는 대로 머무는가? 자기 영광의 허풍선이인가? 가상은 많고 존재는 없는가?

오 아니다. 우리는 베드로를 악의적으로 오해하였을 것이다.

그의 문장은 기독교교회의 장로와 다른 구성원을 향한 경고의 리스트에 들어있다. 예를 들어 장로는 "치욕스러운 이득이 아니라 마음의 바닥에서 교회를 돌보아야 한다." 즉 내부와 외부에서 모두. 진정과 권위로. 그리고 이러한 것을 추구하는 젊은이는 장로에게 순종해야 한다. 왜냐하면 하나님은 교만한 자를 거부하며, 겸손한 자에게 은총을 주기 때문이다.[45] 겸손으로 옷을 입는 것은 여기에서 다음과 같은 것을 의미한다. 너희의 가장 내면에 있는 것에 맞는 것을 입으라.

베드로에게는 인간이 아니라 하나님에게 순종하는 것이 중요하다.

오늘을 사는 우리에게 이 두 가지가 다 어렵다는 것을 용인하자. 정치가, 경찰, 소방대원, 교인, 그들은 언제나 새로이 듣고 느낀다. "우리는 당신들이 더 이상 말하도록 놓아두지 않는다." 그리고 우리는 수백 년 동안의 질서가 붕괴하는 것을 체험한다. 우리의 사회질서는 파멸의 위험에 처해있다.

더 많은 겸손은 우리 모두를 도와줄 것이다. 겸손의 옷을 입는다. 더 정확히 말하면 스스로 순수하게 입는다. 겸손하게 행동하지 않는다. 그 누구도 더 가난해지지 않는다. 그 반대이다. 우리는 서로 이익을 얻는다. 사회가, 세계가.

예수님은 그렇게 살았다. 하나님의 아들이며 인간의 아들인 예수님, 그는 집안의 하인처럼 제자들의 발을 씻어주었다.

우리는 다르게 말할 수 있다. 겸손 대신에 옷을 입는다. 예수님의 옷을 입는다. 그를 우리 생각과 감정 속으로, 우리 존재의 가슴속으로, 우리 공생의 가슴 속으로 끌어들인다.

제24장

열왕기상 3.5, 9

> 3.5 주님은 밤의 꿈속에 기브온[46]의 솔로몬에게 나타났다.
> 하나님은 말씀하였다. "내가 너에게 줄 것을 청하라." 솔로몬이 말하였다.
> "당신은 당신의 종인 나의 부친 다윗에게 거대한 자비를 베풀었습니다..."
> 3.9 당신의 종에게 당신의 백성을 바로 잡고 무엇이 선하고 악한지
> 이해할 수 있는 순종의 마음을 주십시오.
> 누가 당신의 강한 백성을 바로 잡을 수 있습니까?

나는 그것을 마음에 받아들이도록 하였다. 솔로몬.[47] 하나님은 밤중에 나에게 나타나 말씀한다. "너는 하나의 소원을 자유로이 청할 수 있다."

사람들은 무엇을 원하는가? 돈, 세력, 건강?

인간, 솔로몬이여, 당신은 무엇을 원하였습니까? 당신은 나와 다른 상황에 있었습니다. 상당히 부유하였고 권세도 있었습니다. 돈과 명망, 그것은 당신의 문제가 아니었습니다. 그러나 당신은 벅찬 과제를 해결하여야 했습니다. 그 시대의 거대한 권력

블록 사이에서 항상 그 어떤 방법으로 쥐어진 작은 나라의 왕으로, 많은 사람이 완고하다고 명명된 작은 백성의 왕으로, 당신은 열두 종족을 지켜야 하였습니다. 그것은 16개의 연방주를 함께 유지하는 것보다 훨씬 더 복잡합니다. 당신에게는 우리 권력자보다 더 많은 힘이 있었습니다. 그러나 그 때문에 더욱 커다란 책임을 져야 한다는 것은 명백합니다.

사람들은 그곳에서 무엇을 원합니까? 적과 경쟁자에 대한 확실한 보호입니까? 무제한의 권력입니까? 복종하는 백성입니까?

당신은 전혀 다른 무엇을 원하였습니다. 그리고 지금 나는 존경을 표합니다. 그것은 너무나 아름답게 이기적이지 않기 때문입니다. 당신은 정말로 선한 왕이었습니다. 적어도 당시에는 … 당신은 당신의 백성을 바로 잡고 선한 것과 악한 것을 구분하는 '순종의 마음'을 원하였습니다.

순종, 순종, 순종.[48] 들으면서. 귀를 기울이며. 하나님을 경청하며, 사람의 말을 들으며. 이해하며. 이해로 가득 차.

존경하는 왕, 당신은 당시에 그와 같은 인물이었습니다. 그와 같은 사람을 우리는 오늘날 우리 세계에 필요로 합니다. 권력과 소유를 자신이 단지 빌렸다고 생각하는 사람. 하나님에 의해. 그리고 이 빌린 선물을 다른 사람을 바르게 인도하기 위해 투입할 수 있는 사람. 자신이 다른 사람의 봉사자이며 통치자가 아니라는 사실을 아는 사람.

그러나 나는 나로부터 떨어져 나가지 않으려 한다. 나는 나를 위해 청원하려 한다. 내가 하나님을 경청하며 사람들의 말에 귀를 기울이도록. 내가 빌린 것이 그의 세계에서 어떻게 신을 가져올 수 있는가? 어떤 선물로 나는 인간에게 봉사할 수 있는가?

나는 솔로몬, 당신처럼 기도하기를 원합니다. 그리고 나에게도 많은 것이 동일하게 이루어지기를 희망합니다.

제25장

예레미야 3.15

내가 나의 마음에 따라 너희에게 목자를 주리니 그는 통찰과 지혜로
너희를 보살피리라.

    하나님의 마음에 따른 목자. 통찰과 지혜로. 선한 목자, 돌보
는 목자, 신뢰할 만한 목자. 하나님은 목자를 보내려 한다. 선사
하려 한다. 당시의 하나님 백성에게. 오늘날의 세계에게.

    당시에 예언자 예레미야의 책에서 이 약속을 들은 자는 틀림
없이 먼저 양의 목동, 염소의 목동, 암소의 목동을 생각하였을
것이다. 그러나 여기에는 그들을 의미하지 않는다. 목동이라
는 단어는 어떤 다른 것을 의미한다. 통치자, 왕, 권력 소유자이
다.[49]

    오늘날에는 많은 사람이 그들의 목사, 교회의 목사를 생각한
다. 목사는 목자 이외의 다른 사람이 아니다.

    나는 이 단어에서 모든 것인 사람을 생각한다. 처음에는 양의

목자, 그 이후에는 인간의 목자이다. 그리고 그 어떠한 방식으로 교회 목사이다. 다윗이다. 이스라엘의 두 번째 왕. 나는 그와 그의 유명한 노래 선한 목자를 생각한다. 우리가 시편 23편으로 알고 있는 노래. 하나님을 서술하지만 또한 인간의 목자가 어떻게 존재해야 하는가를 지시하는 노래.

다윗은 말한다. "주님은 나의 선한 목자이다." 목자 중의 목자이다. 나를 조종하고 인도하며 돌보는 목자. 스스로 선한 목자가 되도록 나를 도와주는 목자. 그러나 그는 또한 나의 왕이다. 왕 가운데 왕이다. 권능과 권위를 가진 왕. 말씀해야 하는 왕. 선한 목자가 되도록 나를 도와주는 왕. 그는 목자, 세계의 왕이다. 무엇보다 그를 믿으며 즐겨 그의 양떼에 속하는 모든 사람의 목자이다.

하나님은 피속에서 지킨다. 인간은 반드시 그렇게 할 필요가 없다. 어쨌든 자동적으로 스스로 하는 것이 아니다. 하나님은 스스로 명명한 목자들을 알고 있다. 그들은 탐욕스러운 개처럼 개인적 이득을 취한다(사 56.11).

우리는 오늘날 그와 같은 목자에게 무기력하게 내맡겨진 당시의 사람들보다 용이하게 생각된다. 우리는 정부의 일을 함께 규정하고, 논의하고, 결정하고 선택하고 우리 민주주의 법규를 활용할 수 있다. 그러나 우리는 기도를 하지 않으려 하고 하나님이 통치하는 일에 직접 참여하려 하지 않는다. 우리는 그것을 필요로 한다. 세계는 그것을 필요로 한다. 교회도. 하나님의 마음에 따른 목자, 하나님과 같은 목자, 통찰과 지혜를 가진. 그리고 우리는 우리가 어디에서 작고 큰 목자의 봉사를 할 수 있는지 물어본다.

제26장

시편 116.8

당신은 죽음에서 나의 영혼을
눈물에서 나의 눈을
미끄럼에서 나의 발을 구원하였습니다.[50]

나는 그가 노래하는 것을 듣는다. 나는 그가 춤추는 것을 본다. 아마도 그는 성전 한가운데 서 있을 것이다. 그의 노래는 그가 데려온 양의 울음소리보다 크다. 그는 제물을 바치려 한다. 번제를. 그는 상태가 좋지 않았을 때 그것을 하나님에게 약속하였다.

나는 구약시대 성전을 서쪽 성벽, 오늘날의 통곡의 벽[51] 앞의 광장과 비슷하게 상상한다. 그곳에는 여러 날에 무엇인가 일어난다. 그곳에는 사납고 혼잡스럽게 이야기하고 기도하고 노래를 부른다. 적지 않은 사람이 이곳에서 반드시 벗어나야 할 특별한 소식을 가슴에 품고 있다.

그는 춤을 추며 노래한다. 큰 소리로. 들려지고 싶었기 때문이다. 그러고 나서 그는 이야기한다. 그는 복잡한 곤궁 상황에서 하나님에게 애원하였다. 심한 중병에 걸렸을 가능성이 높다. 아마도 다른 사람들은 그에 관한 어두운 이야기를 퍼뜨렸을 것이다. 그러나 애원하는 동안에 이미 하나님을 찬양하였다. 그는 하나님이 개입하리라는 것을 알고 있었다.

시편은 인상적 시행으로 끝난다.[52] "나는 당신에게 감사의 제물을 드립니다. 그리고 주님의 이름을 부르려 합니다. 나는 주님에게 나의 맹세를 실현하려 합니다. 주님의 집의 앞뜰에 있는 모든 백성 앞에서. 당신의 가운데에서. 예루살렘. 할렐루야![53]"

때로는 조용한 감사기도로 족하다. 많은 것이 하나님과 나 사이에 정결하게 머물러야 한다. 그러나 때로 나는 큰 소리의 환호하는 감사기도를 말하고 노래하고 싶다. 다른 사람이 들을 수 있도록. 그리고 용기와 새로운 신뢰를 가질 수 있도록. "하나님은 그를 도와주셨다. 나는 하나님이 나를 도와주는 것을 믿으려 한다."

제27장

스가랴 4. 10[54]

누가 작은 시작의 날을 경시하였는가?

"새로이 시작하라. 너를 믿어라. 너를 신뢰하라. 나를 신뢰하라. 어제는 더 이상 소용없다. 버려지고 잊혔다. 오늘만이 의미가 있다! 내가 새로이 시작하기 때문에 너도 새로이 시작할 수 있다. 나는 과거에 있었던 것에 너를 올려놓지 않는다. 네가 말한 것, 네가 행동한 것에, 네가 말하지 않는 것에, 네가 놓친 것에. 나는 너를 용서하고 그것을 결코 너의 것으로 지적하지 않는다. 내가 새로이 시작할 때 나는 새로이 시작한다. 완전하게."

한 사람만이 이렇게 이야기한다. 하나님.

하나님은 자신의 인간들과 함께 이야기한다. 이미 언제나.

이렇게 하나님은 나와 함께 이야기한다. 언제나 새로이.

나는 그가 말하는 것을 듣는다. 그러나 거의 믿을 수 없다. 왜냐하면 그와 같은 것은 원래 존재하지 않기 때문이다. 적어도 인간 사이에는. 우리 사이에 그 무엇이 잘못되면 우리는 과거를 끌어댄다. 원래 과거에만 머무는 것인데. "그것은 언제나 그렇다. 너는 신용이 없다. 결코 있어본 적이 없다."

우리는 자주 체험하고 괴로워하였다. 나는 다른 사람들과 함께. 다른 사람들은 나와 함께. "과거가 우리를 찾아왔다." 우리는 어깨를 흔들며 말한다.

그러나 용서받지 않고 마지막으로 잊히지 않은 과거만이 우리를 찾아올 수 있다. 그래서 하나님은 우리와 다르다. 하나님은 용서하면 잊어버린다. 영원히. 하나님은 그것을 약속하셨다. 그리고 매일 그것을 지킨다.

어떤 사람이 이렇게 말한 적이 있다. 네가 동일한 죄악으로 하나님에게 가서 "용서하여 주십시오. 나는 '또다시 일을 저질렀습니다'라고 말할 때 하나님은 이렇게 대답한다. "또다시가 무슨 말이냐." 그에게 용서는 용서이다. 그리고 잊어버리는 것이다. 그리고 사라진다. 더 이상 존재하지 않는다. 그는 나의 죄를 영원히 폐기하였다. 예수님이 죽은 십자가는 영원한 자비의 증거이다. 우리는 새로 시작할 수 있다.

그는 말한다. "새롭게 시작하라!" 오늘. 지금. 너를 믿으라. 너를 신뢰하라. 나를 신뢰하라.

나는 그것을 감행하려 한다. 그리고 숨을 내쉰다.

제28장

욥기 19.25[55]

나는 나의 구원자가 살아있는 것을 알고 있다.

그 일화는 유명하다.

오라토리오 〈메시아〉[56]의 작곡가 헨델(Georg Friedrich Händel)이 한 연습 공연에서 지휘자석에 서 있다. 소프라노 가수는 방금 유명한 아리아를 노래한다. "나는 나의 구원자가 살아있는 것을 알고 있다." 이것은 구약의 욥기에 나오는 시행이다. 헨델은 갑자기 연주를 마치고 무대를 향해 외친다. "자비로운 여인이여, 당신은 놀라운 목소리를 지녔습니다. 그러나 당신은 당신의 구원자가 살아있는지 알지 못합니다."

어떤 사람이 아는지 모르는지 들을 수 있는가? 감지할 수 있는가? 그 당시에는 할 수 있었는가? 오늘날에는 할 수 있는가? 나에게서. 당신들에게서.

그리고 구원자란 무엇인가? 구약에 사용된 히브리어 개념은

적극적으로 해결하는 자를 뜻한다.[57] 즉 저당잡힌 친척의 소유를 자유롭게 구매하는 사람이다. 죽은 친척의 과부를 과부의 상태에서 '풀어줄 수 있는' 사람이다. 보아스가 룻에게 행한 것처럼.[58] 그리스어로 쓰인 신약은 노예를 풀어주는, 즉 자유롭게 구매하는 사람을 생각한다.

"나는 나의 풀어주는 자가 살아있는 것을 알고 있다." 다시 말해 내가 잃어버린 모든 것을 다시 가져다줄 수 있는 사람이다. 나를 다시 생명으로 데려다주는 사람이다. 나를 사탄의 노예에서 풀어주는 사람이다.

기독교인은 구원자라는 말에서 즉시 구세주 예수 그리스도를 생각한다. 그는 우리를 자유로이 풀어주고, 우리를 하나님으로부터 떼어놓는 죄악에서 구원하였기 때문이다. 그리고 사망의 권세에서 우리를 구원한다. "그리스도는 살아있다. 그와 함께 나도 살아있다."

기독교인이 "나는 나의 구원자가 살아있는 것을 알고 있다"라고 말한다면 그것은 그리스도를 의미한다. 헨델이 메시아 음악을 작곡하였을 때 그리스도를 정확히 지시한 것처럼. 왜냐하면 메시아는 그에게 십자가에 못 박혀 부활한 그리스도 이외의 다른 사람이 아니기 때문이다.

"당신은 당신의 구원자가 살아있다는 것을 알지 못한다!" 나는 알고 있는가? 당신은 알고 있는가? 사람은 우리가 말하는 그 사람에게서 그것을 들을 수 있는가? 우리가 살아있는 방법에서 그것을 읽을 수 있는가? 아마도 결정적인 것은 다음과 같을 것이다. 그가 그 어떤 방식으로 그 어디에서 살아있을 뿐만 아니라 일반적이고 총체적으로 살아있다는 것을 나는 알고 있다. 아니다. 그는 나의 마음속에 살아있다! 그렇기 때문에 나는 이렇게 기도하려 한다. "주님, 나의 마음속에 자리를 잡을 수 있도록 오십시오!"

제29장

마가복음 14. 26

그들은 찬양의 노래를 부른 후에[59] 바깥으로 나가 올리브산으로 갔다.

그들은 장엄하게 유월절 축제를 열었다. 예수님과 그의 제자들. 그들은 음식을 잘 먹고 달콤한 포도주를 마셨다. 그들은 기도하고 노래하였으며, 서로 하나님의 위대한 행적을 상기하였다. 이제 그들은 키드론 계곡[60] 아래로 걸어가 곧 올리브산 기슭에 이른다. 그곳에는 많은 오래된 올리브나무가 있는 정원이 있다. 겟세마네.[61] 그리고 예수님의 고난사인 고난의 길이 시작된다.

그는 곧 기도하기 위해 뒤로 물러선다. 그는 아버지와 싸움하며 아버지에게 이 잔, 이 운명을 면하게 해달라고 애원한다. 그는 제자들이 하나님의 앞 자신의 곁에 오지 않고 평안하게 졸고 있는 것을 보고 슬퍼한다. 그러자 이미 대제사장의 군대 한 부대가 다가온다. 예수님의 제자 유다를 선두에 세우고. 이제 곧 그는 예수님에게 입맞춤으로 인사하고 폭로할 것이다. 이제 곧 예수님은 끌려갈 것이다. 처음에는 대제사장 궁성으로, 다음에는 로마 집정관 빌라도의 안토니아 요새[62]로. 그리고 마침내 예루살렘에 있는 로마인의 처형장소 골고다[63] 언덕으로.

방금까지 공동체, 찬양의 노래, 축제의 식사, 그리고 과거의 위대한 하나님 기적에 대한 회상이 위임되었다. 그리고 이제는 홀로 울부짖으며 공포에 사로잡혀 있다.

당신은 그것을 알고 있는가? 아니다. 그렇게 되지 않는다. 그러나 많은 사람이 자신의 삶에서 그와 같은 상황을 회상할 수 있다. 모든 것이 좋고 따스하고 조화로웠다. 그런데 갑자기 아무 것도 더 이상 맞지 않다. 마치 지진이 일어나 이제까지 유지된 모든 것을 파괴하듯. 갑자기 하나님의 신뢰가 분노의 의심, 쓰디쓴 물음에 자리를 내준다. 그리고 아무런 응답이 없다.

그러나 그가 존재한다. 우리 앞에서 칭송의 노래에 의해 깊은 절망으로 들어간 남자. 그는 자신의 팔로 우리를 감싸준다. 그는 자신의 구멍 뚫린 손으로 우리를 위로한다.

그는 그것을 할 수 있다. 단지 십자가의 남자이기 때문만은 아니다. 그는 무엇보다 부활절 아침에 부활한 자이다. 죽음의 극복자이다. 그는 살아있다. 그는 모든 죽음을 통과하여 우리들, 크고 작은 자를 그의 생명으로 끌어들인다. 그의 영원한 생명으로. 마지막에는 모든 것이 밝다. 마지막에는 모든 것이 좋다. 마지막에는 다시금 칭송의 노래가 울린다. 그 노래는 모든 영원 속에 침묵하지 않을 것이다.

제30장
시편 56.11

나는 하나님의 말씀을 찬양하고 싶다.
나는 주님의 말씀을 찬양하고 싶다.

당신의 삶을 변화시키는 말씀이 있다. 당신은 그것을 결코 다시는 잊지 않을 것이다.

예를 들어 그가 너에게 그와 결혼하려는지 물었을 때. 예를 들어 너의 딸이 처음으로 '맘마'라고 말했을 때. 너의 상사가 다른 사람들 앞에서 너를 칭찬하였을 때. "이 여인을 모범으로 삼으십시오."

말씀은 삶을 변화시킬 수 있다. 좋은 말씀. 그러나 나쁜 말도 있다. 너의 아버지의 분노한 말. "너는 더 이상 내 딸이 아니다." 당신의 윗사람의 역겨운 말. "당신이 손을 대는 모든 일은 제대로 되는 것이 없다."

말씀은 생명을 변화시킨다. 말씀은 네가 숨 쉬는 공간을 창조한다. 말씀은 또한 네가 숨 쉬는 공기를 빼앗아 갈 수 있다.

말씀은 권능을 지닌다.

이것은 물론 특별히 하나님이 주시는 말씀에 해당한다. 이 말씀은 사람의 말과는 완전히 다른 차원 위에 있다. 그것은 말씀이며 동시에 행위이다. 우리 가운데 많은 사람은 하나님의 특별한 말씀을 기억한다. 그가 신앙으로, 예배로, 복음화로, 젊음의 시간으로 인도한 말씀. 그것은 처음에는 한때 사람의 말이었다. 목사님, 복음가, 젊은 지도자. 그러나 이 순간에 하나님의 말씀이 되었다. 갑자기 모든 것이 달라졌다.

인간의 말이 내가 숨 쉴 수 있는 공간을 창조한다면 그것은 하나님의 말씀에 해당한다. 우리는 그와 같은 것을 성서에 집중적으로 갖고 있다. 그러므로 우리는 성서를 '성문서' 혹은 단순히 '하나님의 말씀'이라고 부른다.

이 말씀은 하나님이 어떠하며, 어떻게 우리 삶을 소개하는가를 이야기한다. 하나님이 우리를 하늘로 인도하기 위해 아무것도 시도하지 않은 채 놓아두지 않는다고 이야기한다. 그것은 우리에게 하나님의 가슴을 보여준다. 아들의 사랑을 보여준다. 성령의 작용과 더욱 많은 것을 보여준다. 하나님의 이 말씀은 천상의 진리와 지혜에 대한 무한한 바다이다.

이 말씀으로 사람은 살 수 있다. 이 말씀으로 사람은 죽을 수 있다. 다윗은 시편 56편에서 이렇게 말한다. "나는 하나님의 말씀을 찬양하고 싶다/ 나는 주님의 말씀을 찬양하고 싶다."

하늘과 땅의 창조주, 위대하고 전능한 하나님은 우리와 함께 말한다. 그는 도와주고 치유하고 위로한다. 그는 교정한다. 그는 바르게 가져온다. 무엇보다 항상 새롭게 말한다. "나는 너를 사랑한다."

다원적 예술가
위르겐 베르트(Jürgen Werth)의 창작 세계

1951년 5월 14일 독일 도시 뤼덴샤이트(Lüdenscheid)에서 출생한 위르겐 베르트(Jürgen Werth)는 언론인, 베스트셀러 작가, 노래 제작자이다. 다시 말해 여러 분야의 재질과 능력을 겸비한 다방면의 재능가이다. 2021년 5월 13일 70세의 생일을 맞이하여 기독교 매체 잡지 〈PRO〉의 주관으로 이루어진 인터뷰 기사에는 전형적 모습의 작곡가 사진이 게재된다. 그것은 자유로운 복장으로 커다란 기타를 손에 들고 악보 앞에 앉아있는 연주가의 여유로운 모습이다. 흥겹게 기타를 치며 자신이 작곡한 노래를 직접 부르는 그의 공연은 청중의 박수갈채로 화답된다.

기독교 노래 〈하나님은 결코 너를 포기하지 않았다〉를 소개한 별도의 라이브 영상에는 뮤직 아티스트 더크 멩거(Dirk Menger)가 전자 오르간 반주를 담당한다. 청중에게 벅찬 감동을 자아내는 인상적 장면에서 저자는 시의 텍스트를 격정적으로 암송한 후 자신이 작곡한 노래를 정열적으로 부른다. 활기에

넘쳐 두 손으로 제스처를 취하며 열창하는 모습에서 정열의 예술가가 얼마나 치유의 말씀에 깊이 동화되었는가를 실감 나게 체험할 수 있다. 단순한 구조의 노래에는 선행하는 표제 시행 "하나님은 너를 포기하지 않았다"가 약간의 변주와 함께 다섯 차례에 걸쳐 반복하여 불린다.

전문기관에서 저널리스트 교육을 받은 베르트는 1994년에서 2014년까지 20년 동안 '독일 복음방송'(ERF) 이사이며, 'ERF Medien' 이사회 의장직을 수행한다. 1959년 설립된 'ERF Medien'은 라디오와 텔레비전 프로그램, 그리고 인터넷을 제공하는 독일 개신교 미디어 기업이다. 작가의 거주지인 베츨라르(Wetzlar)에 본사를 둔 기독교 단체는 예수 그리스도에 대한 믿음을 발견하고, 교회와 사회에서 살아가도록 도와주는 목적을 추구한다. 이런 점에서 베르트의 사회활동은 세속의 미디어 기업에서 기독교 저널리즘으로의 이행으로 설명될 수 있다. 이와 같은 사실은 무엇보다 독일 텔레비전 ARD의 방송시리즈 〈일요일 말씀〉의 연사로 활동한 사실에서 확인된다. 3년 동안 진행된 방송은 수백만 시청자의 마음을 움직였다.

1. 교회 노래의 제작

상당한 분량의 저서를 집필한 베르트는 우리 시대의 저명한 기독교 노래 제작자의 한 사람이다. 이미 7세의 어린 나이에 하나님을 만난 그는 14세부터 자신의 노래를 쓰기 시작했다. 따라서 그가 음악에 종사한 기간은 무려 60년을 넘어선다. 그가 집필하고 작곡한 노래는 다수의 CD나 청취용 책자로 제작되어 널리 보급된다. 일반대중에게 친숙해진 적지 않은 노래는 시간이 지나감에 따라 고전적 형태로 발전한다. 2018년에 출간된 오디오북 〈나는 너를 도와주는 하나님이다. 치유의 말씀과 음악〉이 여기에 속한다.

전체의 낭송에 43분이 소요되는 책자에는 〈하나님이 치유하다〉를 비롯하여 14편의 노래가 수록되어 있다. 이들은 대부분 하나님과 그리스도의 말씀과 행위에 관한 내용을 담고 있다. 반주음악이 동반된 저자의 기다란 시낭송은 도입곡의 표제문 '하나님이 치유하다'로 시작된다. 청취용 책에 제시된 내용은 성서의 시행과 유명한 기독교 인사의 인용문이다. 낭송된 성서의 시행은 정감적으로 연출된다. 성서에 나오는 하나님의 말씀은 힘찬 생명력으로 정신과 영혼을 움직인다.

저자가 지향하는 기본주제는 하나님의 말씀에 담긴 위대한 치유의 능력이다. 수록된 노래 전체를 관류하는 치유능력은 청중을 위로와 희망으로 안내한다. 저자 자신에 의한 말씀의 낭송에는 공감력이 풍성한 토비 마이어(Toby Meyer)의 악기 음악이 동반된다. 질병과 근심으로 괴로워하는 자에게 주어지는 은총의 공연이다. 구원의 말씀은 나의 영혼 속으로 들어와 좌절한 나에게 강한 믿음과 용기를 제공한다.

풍성한 분량의 베르트의 노래 가운데 가장 잘 알려진 것은 1976년에 제작된 〈너는 너〉(Du bist du)이다.[64] 스위스 인기가요 순위표에서 세 차례에 걸쳐 최고의 자리에 오른 인기곡은 2014년 제6판의 기록에 도달한 오디오 CD 〈너, 베르트의 가장 훌륭한 노래〉의 종결곡을 장식한다. 그것은 삶과 지혜의 경험으로 가득 찬 조용한 소품으로 도입곡의 제목처럼 '영혼을 위한 청각의 휴가'이다.

〈너는 너〉의 시 텍스트는 저명한 가수이며 노래작가인 캐나다 신학자 폴 얀츠(Paul Janz, 1951년생)에 의해 멜로디가 주어진다. 주로 1970년에서 1993년 동안 활동한 그는 〈모든 작은 눈물〉을 비롯하여 적지 않은 히트곡을 생산한다. 4/4 박자로 작곡된 노래는 뮌헨(München) 출신의 전문여가수 릴라(Lila)를 비롯하여 여러 가수에 의해 불린다. 2019년의 Lila CD에 수록된 노래는 원래 제작된 1976년의 첫 CD에 비해 안정된 음조로 세련되어 있다.

'감동의 세례노래'로 명명된 4행 3연 형식의 가사는 동일한 구조원리에 의거하여 작성된다. 세련의 체제에는 단수 이인칭 명령문 '결코 잊지 말아라'로 시작하는 처음의 네 행과 이어지는 나중의 네 행이 병행구조를 형성한다. 선행하는 네 행의 내용은 시연에 따라 변화하는 반면 나중의 네 행은 항상 동일하다. '너'를 주어로 삼는 두 번째 네 행은 세 차례의 후렴을 형성한다. 시 전체의 흐름을 각인하는 후렴은 마지막 연에 반복하여 불린다.

  너는 원하고 있다. 우연의 아이도 자연의 변덕도 아니다.
  네가 너의 삶의 노래를 단조로 부르든 장조로 부르든 전혀 상
  관없이
  너는 하나님의 사유이다. 더구나 비범한 사유이다.
  너는 너다. 그것은 클루이다. 정말로 클루이다. 그래 너는 너
  다.

  이인칭 단수대명사 '너'를 주어로 삼는 네 행은 시의 주제인 너의 존재를 서술한다. 그 내용은 3행에 강조된 '하나님의 비범한 사유'로 귀결된다. 음악적 가공에서 특별히 고음으로 처리된 형용사 '비범한'은 '뛰어난, 특출한'을 뜻한다. 후렴의 정상을 형성하는 명사구 '하나님의 비범한 사유'에 해당하는 성서구절의 근원은 동형상의 인간창조를 서술한 창세기 1장 17절이다. 서정

시의 기본율격을 따르는 시행구조에 조성된 음향조화 현상은 시 전체에 균형과 통일을 부여한다.

비교적 빠른 템포의 경쾌한 노래에서 인상적인 부분은 네 행으로 구성된 후렴의 종결행이다. 네 문장으로 구성된 기다란 복합시행의 전반에는 주어 '너'가 고유의 이름 '클루'와 동일화된다. 하나의 사실을 지시하는 두 문장 "너는 너다. 그것은 클루이다"에는 음향중첩이 형성된다. 즉 독일어 발음 '너'(du)와 '클루'(Clou) 사이에 장모음 'u'의 일치현상이 일어난다. 여기에서 '클루'는 하나님에 의해 창조된 '너'의 정체성을 지시하는 상징의 기호이다.

서로 긴밀하게 대응하는 두 시어 '너'와 '클루'의 음악적 가공에는 동일하게 저음에서 고음으로 넘어가는 두 단계 리듬이 형성되고, 육중한 모음 'u'에 점진적 강세가 부여된다. 청각 작용에 직접 호소하는 이와 같은 이중각색의 처리는 듣는 자의 뇌리에 깊이 각인된다. 이어지는 짧은 종결문은 앞의 두 문장과 달리 점진적으로 하강하는 음조로 흘러간다. 이로써 전체의 흐름을 마감하는 마침표가 완성된다. 반복되는 후렴의 마지막을 장식하는 기교적 마무리는 대중의 인기를 얻은 교회노래가 갖는 음예술의 질적 가치를 보여준다.

2. 〈심연의 삶에 관하여〉
- 신학자 본회퍼(Bohnhoeffer)와의 서신 교환

1980년대 종반부터 시작된 베르트의 저술 활동은 2000년에 들어와 비교적 활발하게 전개된다. 지난 20여 년 동안 수십 편의 크고 작은 저서가 출간된다. 여기에는 노래로 읽는 책도 포함된다. 선물용 책자로 제작된 《하나님의 사유, 너는 그것이다 (나아가 비범한 사유이다)》는 저자의 사유세계와 세례예식을 위한 축복의 말씀이다. 여기에서 복음은 시적 특성을 지니며 삶을 위한 용기를 제공한다. 48페이지로 제한된 짧은 분량의 책에는(2018) 〈너는 너〉 이외에 〈너는 살아야 한다〉, 〈너의 심장은 날개를 단다〉, 〈예수님은 아이들을 사랑한다〉를 비롯한 많은 텍스트가 수록되어 있다.

오랫동안 진행된 ARD의 TV 프로그램 '일요일 말씀'에 방영된 강연은 1991년의 모음집 〈건강에 유익한 음식. 일요일 말씀. 일상의 도움〉에 수록된다. 2009년에 발간된 〈위르겐 베르트의 손님으로. 기독교 인사와의 대화〉는 당시에 TV 프로그램 'ERF 1'에 진행된 대화방송 '베르트 손님'에 출연한 저명한 기독교 인사와의 인터뷰를 수록한 집합서이다. 주로 베르트와 가까운 관계에 있는 사람들이 초대된 방송시리즈는 언제나 삶과 신

앙에 도움을 주는 내용으로 채워진다.

2013년 8월에 초판이 나온 저서 《나는 하나님 당신을 붙듭니다. 왜 우리가 신뢰를 가지고 살 수 있습니까?》에서 저자는 무엇이 삶을 유지하는가를 공감을 주는 방식으로 보여준다. 그는 작은 이야기를 통해 왜 우리가 희망을 가지고 평안하게 살 수 있는가를 기술한다. 저자 스스로 집필한 노래텍스트가 각각의 장을 마감한다. 믿음의 삶을 주제로 삼은 저서는 독자를 위한 격려와 위로의 책이다. 다음과 같은 책의 결론은 책의 표제를 형성한 '붙잡음'의 모티브로 돌아간다.

나는 하나님을 굳건하게 붙잡는다. 믿음이란 아는 것이다. 하나님은 나를 확실하게 붙잡는다.

2015년에 출간된 저서 《감사라는 선한 일을 한다. 영혼을 신선하게 하는 건강의 충고자》는 신약성서의 중요한 용어인 감사를 주제로 삼는다. '감사라는 선한일을 한다'라는 표제는 감사의 의미와 기능을 지시하는 탁월한 표현이다. 하드커버로 장정된 책의 연청색 표지에는 펼쳐진 손바닥 위에 피어난 네 가지 채색의 아름다운 꽃송이에 노란색 물통으로 물방울을 뿌리는 인상적 장면이 제시된다. 부제에 표기된 영혼의 신선을 상징하는 시각적 형상이다. 신선한 영혼의 근원은 책의 제목을 규정하는 감사의 덕목이다. 여기에서 저자의 사유와 통찰은 우리 삶에서 새로운 것을 보게 하는 진정한 눈의 개방자로 나타난다. 감사는 이를 위한 중재자이다. 감사의 발언과 행위는 선한 일을 가져오며 인간을 행복하게 만든다.

2021년에 발표된 《나는 당신에게 선물을 드립니다! 하나님. 대강절과 성탄절을 위한 24편의 영감적 사유》는 기독교 절기의 정상인 성탄절에 바쳐진 특별한 책이다. 여기에는 대강절 기간에 매일 문학의 문을 열라고 권고된다. 심오한 충동에 의해 움직인 책에는 풍성한 비유로 가득 찬 일화, 작은 에피소드가 들어있다. 매일 시도되는 구유로의 접근은 보다 깊은 사유로 인도한다. 성탄의 상징인 '기다림'은 책의 제목에 지적된 선물의 모티브에 연결된다. 그것은 거대한 축제에 동화되어 하나님으로부터 선물을 받는 놀라운 초대이다.

최근에 출간된 저서 가운데 특기할 만한 대상은 개신교 신학자 본회퍼와의 서신교환에서 나온 산물인 《심연의 삶에 관하여》(2020)이다. 그의 편지는 인간이 심연의 나락에서, 미래에 관한 완전한 불확실 속에서 어떻게 살아야 하는가를 보여준다. 세 부분으로 구성된 책의 제목에는 저자가 보낸 편지의 도식문구 "사랑하는 디트리히(Dietrich) … 당신의 베르트"가 선행된다. 베르트는 1945년 4월 본회퍼가 사망하기 직전에 보낸 편지를 접하고 제3제국의 저항투사에게 답장을 보낸다. 극단의 한계

상황에서 이루어진 절묘한 서신교환이다.

본회퍼 사망 75주기를 맞이한 2020년에는 두 사람의 서신교환에 관한 TV 대화가 방영된다. 아울러 기독교 매체잡지 〈PRO〉에 두 사람의 서신교환을 회고하는 기사가 게재된다. 특별한 취지 아래 기획된 두 프로그램에는 2020년 3월에 출간된 베르트의 신간서적이 단편적으로 언급된다. 여기에는 저자가 감옥 안에서의 삶의 고뇌 외에 믿음의 변화를 체험한 신학자와 나눈 깊은 대화가 실려있다. 그것은 독자를 순교의 신학자 본회퍼의 삶과 신앙에 관한 심오한 성찰로 유도한다. 39세에 삶을 마감한 그는 교회와 기독교인이 불의가 지배하는 현대사회에 어떻게 대처해야 하는가를 과감하게 증언한다.

《심연의 삶에 관하여》는 대부분 두 인물 사이에 교환된 서신으로 구성된다. 여기에 본회퍼의 부모와 에버하르트 베트게(Eberhard Bethge)에게 보낸 편지가 추가된다. 전체의 내용은 서언, 서신교환, 에필로그의 순서로 전개된다. 1943년 4월 14일에서 1944년 9월 사이에 교환된 서신의 내용에는 본회퍼의 시도 포함된다. 마지막으로 저자의 증정시 〈당신의 가슴은 날개를 지니고 있다〉가 첨부된다. 저자는 서언의 종결부에서 책의 집필을 끝낸 자신의 소감을 다음과 같이 표현하고 있다.

나는 인간 본회퍼의 시대와 세계로 들어가는 입구를 만들려고 노력하였다. 그의 사상과 감정, 삶의 욕망과 죽음의 공포, 그의 신앙과 양심의 결정을 추적하려는 노력. 그리고 많은 것이 시간을 넘어 현재적이며, 그가 처형된 지 75년이 지난 오늘날에도 여전히 영감을 주고 도전적이라는 사실에 놀랐다.

'최후의 날'이라는 제목이 붙은 에필로그의 마지막에는 본회퍼가 처형당한 날의 상황이 감동적으로 기록되어 있다.

플로센뷔르크(Flossenbürg)에는 4월 9일 월요일 회색 황혼에 그어떠한 상황에서도 생존해서는 안 될 사람들의 교수형이 집행되었다. 수용소 의사는 본회퍼가 대기실에서 무릎을 꿇고 열정적으로 기도하는 것을 보았다.

수용소 의사의 귀중한 증언은 본회퍼가 삶의 최후순간에 어떻게 대응하였는가를 잘 보여준다. 그는 곧 닥쳐올 죽음을 앞두고 그가 이제까지 선포한 하나님에게 모든 것을 맡기고 평안을 느낀다.

본회퍼는 인간을 경시하고 억압하는 불의의 나치체제를 비판하고 고발하는 대신에 수용소 안에 갇혀 성서를 연구하고 노래를 배우며 "사소한 일에 감사한다." 신학과 음악 사이의 깊은 관계는 그의 신학사고에서 간과할 수 없는 위치에 있다. 히틀러의 사형집행 명령이 내려지자 수용소 안의 동료에게 죽음은 '새로운 시작'이라고 말한 사실은 듣는 사람의 심금을 울린다. 새로 거듭난 위대한 순교자의 모습이다.

본회퍼에게 보낸 베르트의 편지에는 신학자가 감옥에서 쓴 시의 인용과 함께 시에 관한 간단한 논평이 들어있다. 그는 히틀러 살해계획이 실패한 위기의 시점인 1944년 여름부터 시를 쓰기 시작한다. 가장 힘든 삶의 마지막 상황에서 나온 귀중한 시는 독자를 기독교 저항의 배후로 가까이 인도한다. '사랑하는 디트리히'로 시작되는 여러 편지에 분산되어 제기된 시들은 〈과거〉, 〈테겔(Tegel)의 밤소리〉, 〈나는 누구인가?〉, 〈선한 능력에 신기하게 보호되어〉, 〈모세의 죽음〉과 세 개의 기도시이다.

1944년 6월에 집필된 시 〈나는 누구인가?〉는 자신의 존재적 정체성에 관한 심오한 성찰이다. 여섯 연으로 구성된 시에서 넷째 연을 제외한 모든 시연이 함축적 물음 '나는 누구인가?'로 시작된다. 전체적으로 저자의 인물과 하나님에 대한 신앙, 그리고 나치시대 교회문제가 서술된다. 저자는 '하나님을 따르는' 신앙인과 그 공동체인 교회가 하나님을 배척하는 억압과 폭력의 시기에 어떻게 살고 행동해야 하는가를 증언한다. 연속적으로 제기된 표제의 질문은 다섯 차례의 자아반성 단계를 거쳐 종결행에서 '나'와 하나님의 혼연일체로 귀결된다.

내가 누구이든지 간에 당신은 저를 알고 있습니다.

오 하나님 나는 당신의 것입니다!

모두 10편의 감옥시 가운데 후세에 커다란 반향을 일으킨 것은 놀랍게도 최후의 시 〈선한 능력에 신기하게 보호되어〉이다. 이것은 저자가 죽기 4개월 전 유대인 집단수용소에서 약혼녀 마리아(Maria)에게 보낸 편지에 동봉된 한 편의 시이다. 1944년 12월 19일의 날짜가 표기된 자전적 시는 성탄절 인사이며, 가족을 위한 이별의 선물이다. 그러나 성탄인사라고 표시된 시의 텍스트는 예수탄생 이야기에 관계된다기 보다 한 해를 보내는 시점에 불확실한 미래를 내다보는 저자의 내면 상태를 표현한다. 곧 닥쳐올 어두운 미래의 운명은 모든 실재의 위험 가운데에서 하나님의 섭리와 사랑에 의해 규정된다.

1988년에 처음으로 공개된 저자의 자필원고에는 각 시연의 앞에 시연을 지시하는 숫자가 표기되어 있다. 일곱 연으로 구성된 시의 출발점과 목표점은 믿는 자가 하나님에 의해 보호되는 '선한 능력'을 향한 강한 신뢰의 고백이다. 표제문을 형성하는 성서어 '선한 능력'은 시의 처음과 나중을 장식하는 순환의 시어이다. 베르트가 본회퍼에게 보낸 편지에는 후세에 거대한 반응을 일으킨 시에 관한 짧은 해석이 발견된다.

마지막에는 인간이 아니다. 마지막에는 하나님이다. 하나님의 사자, 천사, 선한 능력이다. 그렇게 사는 사람은 그렇게 죽을 수 있다. 하나님은 알고 있다. 나를 기다리는 것은 밤이 아니라 아침이다. 광채를 발하는 하나님의 아침이다. 더 이상 저녁을 모르고 더구나 밤을 모르는 아침이다. 그렇게 사는 사람은 모든 위험의 노출 가운데 보호되어 있다.

깊은 영적 영감에 의해 집필된 시는 1951년 전기작가 베트게(Bethge)에 의해 간행된 책《디트리히 본회퍼. 저항과 순종. 구금의 서한과 수기》에 최초로 공개된다. 6년의 기간이 지나 세상에 알려지기 시작한 자전적 유작시는 2017년 기준으로 무려 70회 이상 작곡된다. 그 가운데 가장 커다란 인기를 얻은 것은 기독교 노래 제작자이며 작곡가인 지그프리트 피츠(Siegftried Fietz, 1946년생)의 1970년 멜로디이다. 조각가로도 활동한 그는 독일의 '새로운 영적 노래' 발전에 커다란 영향을 미친 인물이다. '새로운 영적 노래'는 20세기 후반에 대중음악의 영향 아래 대두된 기독교 음악이다. 죽음의 숙명을 내다보며 미래의 희망을 선포한 구원의 노래는 교회 예식뿐만 아니라 장례식의 매장 순서에서 애도음악으로 보급된다.

4행 7연시의 음악적 전이에는 마지막 연이 후렴의 역할을 한다. 라이브 영상의 공연을 통해 점차 널리 알려진 네 행의 문안은 인사카드, 예식용 양초, 매장예식의 경구로 즐겨 사용된다.

1 선한 능력에 신기하게 보호되어

2 우리는 기운차게 다가올 것을 기대한다.

3 하나님은 저녁, 아침에 우리와 함께 있다.

4 모든 새로운 날에 아주 확실하게.

첫 연을 열어주는 표제어 '선한 능력'[65]은 마지막 연에 이르러 더욱 강화된다. 그리고 첫 연의 마지막을 장식한 '새로운 해'는 '새로운 날'로 이어진다. 시 전체는 순환의 구조를 보이고 있다. 네 행의 구성에는 1행과 3행, 2행과 4행 사이에 여성운과 남성운의 교차운이 형성된다. 노래의 연주에는 여성운 'en'이 묶음으로 처리되는 반면, 남성운 'ag'에 강세가 주어진다. 7연 시를 규정하는 정형의 율격도식은 당시의 교회 멜로디에 맞지 않는다. 그러나 고통과 위로가 교차하는 저자의 개인경험을 흡수하는 모든 시련의 공동체 노래에 적합하다.

국제적으로 활동한 독일노래 제작자 지그프리트 피츠가 피아노를 연주하며 자신이 작곡한 노래를 직접 부르는 장면은 영상매체를 통해 널리 소개된다. 여기에서 반복하여 불리는 후렴은 선행하는 네 행에 비해 격정적으로 고양된다. 듣는 사람의 귓전에 강하게 울리는 떨림의 멜로디는 그의 가슴속에 지워지지 않는 인상을 남긴다. 특히 종결 시행에 구현된 환상적 음의 가공은 다시 듣고 싶은 강한 충동을 일으킨다. 노래 전체를 마감하는 상징적 결어 '새로운 날'에는 저음과 고음의 교체에 이어 기다란 각운의 장음이 조성된다. 다른 시행과 구분되는 고유의 멜로디는 독특한 음악적 정감을 불러일으킨다.

3. 〈예수님, 오늘 어디에 계십니까?〉 해설
- 하나님의 말씀에 의해 움직인 영감적 착상

우리말 번역의 대상으로 선정된 책《예수님, 오늘 어디에 계십니까? 경청을 위한 30편의 묵상기도》(2021)는 그때까지 출간된 다른 저서와 형식 면에서 구분된다. 63페이지로 제한된 작은 분량의 저술은 부제의 표기처럼 기도서의 유형에 속한다. 기도서는 19세기에 개인적, 종교적 명상에 의거하는 교화문학의 영역에서 생성된 일련의 저술을 말한다. 여기에는 하나님을 향한 내면의 전향을 다룬 텍스트가 포함된다. 다른 서적에 비해 상대적으로 비싼 가격으로 제작된 기도서는 교회 공동체에 받아들여진 후 일반대중에게 보급된다.

부제에 사용된 독일어 용어 'Andacht'는 라틴어 어원 'andaht'(주의, 전념)에 연원한다. 일반적으로 '내면의 모음, 주의, 참여'를 뜻한다. 그러나 종교적 의미에는 기도나 '종교적 침잠'에서 수행되는 사유의 영적 모음을 의미한다. 한마디로 정리하면 조용한 기도, 예배, 경건의 침잠을 지시한다. 여기에서 사유와 정관에 연결된 묵상의 개념이 파생한다. 기독교의 묵상은 하나님의 말씀에 근거한다는 점에서 다른 종교와 철학에서 다루어지는 명상과 차이가 있다.

부제의 서술에서 동명사로 표현된 '경청'은 하나님의 말을 향한 집중된 들음을 뜻한다. 책 전체의 방향을 인도하는 하나님의 말씀은 제1장의 주제를 형성한다. 현재형 문장 "하나님은 말씀한다"의 연속으로 진행된 종결부는 진솔한 자기고백으로 끝난다.

하나님은 말씀한다. 이미 언제나 말씀한다. 언제나 새로이 말씀한다. 오늘도 이야기한다. 나는 그를 향해 눈과 귀를 활짝 열려고 한다. 그리고 나의 가슴을.

하나님은 나와 우리를 위해 '언제나 새로이' 말씀한다. 오늘도 이야기한다. 따라서 나의 눈, 귀, 그리고 가슴은 그를 향해 활짝 열려있어야 한다. 하나님의 말씀은 오로지 지각기관의 총체적 작용에 의해 올바로 전달되고 이해된다.

저자에 의해 선정된 30개의 성서구절에서 30편의 묵상기도가 생성된다. 그것은 하나님의 말씀에 의해 움직인 영감적 착상의 표현이다. 이런 점에서 진솔한 자기고백의 글이라 할 수 있다. 저자의 성서해석 방향은 신학적 주석과 달리 주로 현실의 삶에서 출발한다. 즉 인간의 일상생활, 주위환경, 사회상황이 기초가 된다. 그러나 주어진 현실과 사회에 대한 비판적 성찰이나 고발에 집중하는 것이 아니라 성서가 오늘의 우리에게 주는 살아있는 의미의 개진에 초점이 주어진다.

　일부의 경우에는 1-2 페이지로 제한된 성서구절의 해설에 저자 자신의 경험이 짧은 에피소드 형태로 삽입된다. 문학적 서사구조를 상기시키는 이와 같은 서술기법은 성스러운 말씀의 의미를 오늘의 지평에서 관찰하도록 유도한다. 이것은 성서해석의 실천적 현재화라 할 수 있다. 서사적, 극적 구성은 종교적 사유에 활력적, 입체적 성격과 기능을 부여한다. 독자는 관례적 기도문의 한계를 벗어나는 자유로운 고백의 글에서 신선한 충격을 느낀다. 그것이 주는 영향력은 어디까지나 개인의 관심과 목표설정에 달려있다. 그러나 한 가지 분명한 것은 모든 해석이 하나님의 현존을 증거한다는 사실이다.

　저자는 독자를 하늘, 사랑, 빛으로의 여행, 무엇보다 예수님의 방향으로 초대한다. 예수님은 요한복음의 증언처럼 '생명이요 빛'이다. 생명과 빛은 예수님의 존재적 전체성을 지시하는 두 기본요소이다. 이 세상에 살려고 하는 자는 예수님이 계신 곳에 있어야 한다. 예수님이 계신 곳에서만 나는 올바로 존재한다. 오늘 그리고 영원히. 이것이 도전적 의문문 형식으로 표현된 책의 제목이 주는 참다운 의미이다.

　위에 지적한 책의 취지는 감동적인 서언의 후반부에 명료하게 표현된다. 두 페이지로 제한된 서언의 서두에는 '생명의 말씀'에 내재한 본질과 기능이 강조된다.

매일처럼 그와 같은 말씀은 나를 새로운 사유로 인도한다. 세계, 인간, 나의 생명에 관한 하나님의 사고로. 그것은 나를 격려하고 위로하고 나에게 경고하려 한다.

'생명의 말씀'은 나를 '새로운 사유', 다시 말해 '하나님의 사고'로 인도한다. 그리고 나를 격려하고 위로하며 나에게 경고한다. 나아가 하나님이 내 곁에 있다는 사실을 항상 새로이 보여준다. 하나님이 무조건 나를 사랑한다는 사실을 깨닫게 한다.

예수님의 존재를 지시하는 빛과 생명은 책의 표지를 장식하는 인상적 풍경화에서 지각적으로 감지된다. 미세한 편린의 별이 수없이 반짝이는 진한 청색 공간의 밤하늘 멀리 낮은 산이 보인다. 황금빛 광채의 태양이 그 위로 찬란하게 솟아오른다. 지면 전체를 지배하는 짙은 어둠의 공간을 환하게 물들이는 빛과 생명의 표징이다. 밤하늘 아래에 드넓게 펼쳐진 광활한 광야의 한복판에 진초록 나뭇잎 숲이 풍성하게 조성된 한 그루 나무가 홀로 서 있다. 가느다란 줄기의 외로운 나무는 이제 곧 생명의 빛을 받아 싱싱한 활기로 넘쳐날 것이다.

매일 이루어지는 말씀의 행위는 제1장의 핵심이다. 히브리서 서언에 근거하는 심오한 묵상의 서술에는 '언제나 새로이' 수행되는 하나님의 말씀이 서두와 종결부에 반복하여 강조된다. 종결부의 선행단락에는 하나님이 원하는 것을 알려고 하는 자가 따라야 하는 지침이 제시된다.

> 그는 예수님의 말씀을 읽고 들어야 한다. 성서에서. 교회에서. 라디오, 텔레비전, 인터넷에서. 자신의 삶을 관찰하여야 한다. 창조와 피조물과의 접촉을. 성서가 우리에게 전해준 이야기에 빠져들어 가야 한다. 그리고 예수님을 항상 새로이 체험해야 한다. 예수님과 대화하여야 한다. 이야기할 뿐만 아니라 경청해야 한다. 즉 기도해야 한다.

비교적 기다란 진술문에는 예수님 말씀의 '읽고 들음', 성서이야기의 독서, 예수님의 새로운 체험이 지적된다. 마지막에는 예수님 말씀의 경청이 기도와 연관된다. 책의 부제 '경청을 위한 30편의 묵상기도'는 여기에서 이해된다.

제1장의 주제를 형성한 하나님의 말씀은 마지막 장인 제30장에 다시 다루어진다. 여기에는 시편 56편 11절에 근거하여 주님의 말씀에 대한 찬양이 강조된다. "나는 하나님의 말씀을 찬양하고 싶다/ 나는 주님의 말씀을 찬양하고 싶다." 서로 이어진 두 시행은 동일한 사실을 반복적으로 지시하고 있다. 전체서술의

중심은 하나님의 말씀이 삶과 생명을 변화시킨다는 사실이다. 다음과 같은 종반의 서술은 전체의 총화이다.

그것은(이 말씀은) 우리에게 하나님의 가슴을 보여준다. 아들의 사랑을 보여준다. 성령의 작용과 더욱 많은 것을 보여준다. 하나님의 말씀은 천상의 진리와 지혜에 대한 무한한 바다이다.

30개의 장은 선정된 성서구절의 인용과 이에 기초한 사유의 서술로 구성된다. 비교적 자유롭게 전개된 사고와 묵상에서 의미 있는 결론이 유도된다. 각각의 장에 기술된 내용은 서두에 제시된 본문의 성격에 따라 달라진다. 그러나 형식 면에서는 유사한 방법과 도식에 의거한다. 성서말씀의 해석에는 학문적 주석에서 제시된 내용이나 사실이 중요하게 고려되지 않는다. 그 대신에 선정된 성서구절을 이해하는 데 도움을 주는 역사적 사건이나 전해 내려온 일화가 소개된다. 이와 같은 해석방법은 앞에 지적한 실천적 현재화에 부응한다.

제12장에는 가난한 자를 위한 복음을 강조하는 이사야 58장 7절의 해설에 케냐 나이로비에서 일어난 사회봉사 사건이 소개된다. 그것은 회개한 범법자가 아이들에게 하나님의 믿음을 심어주기 위해 새로이 설립된 종교학교 교사로 변신한 감동의 실화이다. 아직도 가난을 면하지 못한 도시에서 범죄자로 낙인 찍

힌 모세 음위나(Mose Mwina)는 감옥 안에서 우연히 들은 라디오 기독교 방송의 청취를 통해 새로운 삶을 결단한다. 감옥에서 풀려난 그는 감사하게도 전과자의 이력이 있는 자신을 인정해 준 인물을 만나게 된다. 그는 잃어버린 아들의 아버지처럼 버림받은 자를 친절하게 도와준다.

마침내 모세 음원나는 그가 세운 학교에서 아이들을 천상의 세계로 인도하는 교사로 봉사하는 직분을 얻는다. 베르트가 소개한 아프리카 도시의 작은 사건은 옛 예언자의 말씀이 이 시대를 살아가는 인간을 변화시키는 힘을 지닌다는 사실을 잘 보여준다. 극적으로 서술된 길지 않은 서사이야기는 수많은 아이들이 하나님을 만나 새로운 삶을 살아가도록 인도하는 특수학교를 안내하는 은혜의 진술로 끝난다.

그는 몇 명의 아이와 함께 시작하였다. 작은 거처에서. 이제는 국립학교로 성장하였다. 그리고 수많은, 수많은 크고 작은 아이들이 이미 친절한 천상의 아버지를 알게 되었다. 그리고 친절한 지상의 대리자를.

제28장은 욥의 자기 고백 "나는 나의 구원자가 살아있는 것을 알고 있다"(욥 19.25)의 심오한 의미를 전달하기 위해 특별한 일화를 도입하고 있다. 그것은 오라토리오 〈메시아〉를 작곡한

헨델(Händel)의 이야기이다. 그는 유명한 작품의 시연에서 소프라노 가수가 욥의 시행을 노래로 부르기를 마친 후에 갑자기 무대를 향해 외친다.

> 자비로운 여인이여, 당신은 놀라운 목소리를 지녔습니다. 그러나 당신은 당신의 구원자가 살아있는지 알지 못합니다.

언뜻 이해하기 어려운 헨델의 돌출행동은 저자에 의해 다음과 같이 풀이된다. "기독교인이 '나는 나의 구원자가 살아있는 것을 알고 있다' 라고 말한다면 그것은 그리스도를 의미한다. 헨델이 메시아 음악을 작곡하였을 때 그리스도를 정확히 지시한 것처럼. 왜냐하면 메시아는 그에게 십자가에 못 박혀 부활한 그리스도 이외의 다른 사람이 아니기 때문이다."

헨델의 일화를 빌린 베르트의 해석은 욥의 발언 "나의 구원자가 살아있다"에 내재된 본질적 의미를 추적하고 있다. 여기에서 중요한 것은 구원자가 갖는 의미이다. 즉 우리를 자유로이 풀어주고 죄악에서 해방하며 사망의 권세에서 구원하는 자이다. 욥기의 시행에 관한 심층해석의 마지막에는 구원자의 살아있음이 '나'의 상황과 청원의 기도로 이전된다.

> 그는 나의 마음속에 살아 있다! 때문에 나는 이렇게 기도하려 한

다. "주님, 나의 마음속에 자리를 잡을 수 있도록 오십시오!"

일부의 경우에는 성서구절의 해석에 저자 자신의 관점이 투영된다. 저자는 자신이 중요하다고 생각되는 주제나 사실을 해석의 서술에 끌어들인다. 예를 들어 성전의 소년 예수(눅 2.46)를 다룬 제3장에는 부모의 시야에서 사라진 13세 예수의 삶의 상황이 소개된다. 더 이상 어머니 마리아의 품에 속하지 않는 성년 예수의 비범한 사고와 행동에는 이미 인간을 구원하기 위해 세상에 온 메시아의 모습이 예시되어 있다. 여기에서 지적할 점은 새로운 메시아의 특수한 정체성이다. 즉 '하나님의 아들이며 인간의 아들'이라는 이중의 속성이다.

예수님은 둘 다이다. 다행하게도. 우리의 행복을 위해. 인간처럼 살고 사고하고 행동하는 인간이다. 그리고 스스로 도와주고 치유하고 사랑하고 구원할 수 있는 하나님이다.

제8장에 선정된 성서구절은 아모스 6장 6절이다. 원래 이 구절은 이스라엘의 자기평가를 다루는 6장 첫 단락(6.1-7)의 종결부에 속한다. 이인칭 복수대명사 '너희들'을 주어로 삼은 복합문장은 접속사 '그러나'에 의해 연결된다. 상반된 내용을 지시하는 두 시행은 거대하고 사치스러운 연회의 상황을 빗대어 표현한

경고의 말씀이다.

너희들은 큰 잔으로 포도주를 마시며 가장 좋은 향유를 부어준다.
그러나 요셉의 상해를 걱정하지 않는다.

저자는 예언자 아모스의 말씀을 나눔의 요구라는 현실의 차원
에서 해석하고 있다. 이를 위해 '구두의 왕'으로 불리는 하인츠
호르스트 다이히만(Heinz-Horst Deichmann)의 말을 인용한다.
"내가 증정하는 것만이 내게 속한 것이다." 그는 다른 사람을 부
유하게 만들었기 때문에 부유하였다. 그는 자신의 행복을 나누
었기 때문에 행복하였다. 종반의 단락에는 서두에 제시된 말씀
의 의미가 '나눔의 풍성'으로 정리된다.

받는 것이 아니라 주는 것이, 탐욕스러운 소유의 욕구가 아니
라 나누는 것이 풍성하게 만든다. 하나님 자신이 이미 그렇게
하였다.

마지막으로 묵상기도집에 사용된 문체의 특징에 관해 간단
히 언급하려 한다. 매혹적 교회노래의 가사인 서정시의 텍스트
를 수없이 작성한 저자는 30장의 서술을 위해 매우 단순하고 용
이한 언어를 구사하고 있다. 그것은 이름있는 신학자나 문필가

의 경우와 상당한 차이가 있다. 예를 들어 유사한 시기에 발표된 시인 신학자 에크슈타인(Eckstein)의 경구시집 《희망의 기쁨으로》(2020)에 구사된 언어는 세밀한 언어기교에 의거한 상세한 논리전개이다. 여기에는 위트와 유머와 같은 언어기법이 자유롭게 활용된다. 이로 인해 논리적, 사변적 성향이 강한 시작품에 유희의 요소와 기능이 부여된다.

그러나 베르트의 평이한 언어사용에는 이와 같은 곡예술의 특징이 감지되지 않는다. 틀에 박힌 듯이 회전하는 기계음과 같은 도식적 서술은 건조한 사실적 문체에 속한다. 그것은 저자의 의도와 사고를 특별한 수식어가 없이 충실하게 대변하는 적합한 표현수단이다. 일반대중을 위한 매체언어의 특성에 익숙한 그는 독자와의 긴밀한 소통을 위해 특수한 어법을 고안하여 활용한다. 그 결과 개인적, 종교적 교화를 지향하는 기도문의 새로운 유형이 형성된다.

특히 선호되는 서술방식은 동일한 내용의 연속적 반복과 나열이다. 점진적 보완의 기능을 갖는 이와 같은 원초적 수사법은 주어진 사실에 시선을 집중시키는 역할을 한다. 저서의 기본방향을 제시하는 서언의 첫머리에는 전체의 주제인 하나님의 말씀이 다섯 차례에 걸쳐 반복된다.

하루를 위한 말씀이다. 그리고 밤을 위한 말씀이다. 지상을 위한 하늘의 말씀이다. 시간을 위한 영혼의 말씀이다. 나를 위한 생명의 말씀이다.

말씀의 성격과 기능을 지시하는 도입부의 진술은 하루의 말씀에서 출발하여 하늘의 말씀을 거쳐 영혼의 말씀, 생명의 말씀으로 귀결된다. 하나님의 말씀이 나에게 주는 총체적 의미는 이어지는 서술의 이해를 위한 대전제이다.

연속의 반복법은 다른 한편으로 약점을 지니고 있다. 예를 들어 전체줄거리를 조망적, 체계적으로 파악하는 데 지장을 초래할 수 있다. 물이 흐르듯 진행되는 일관된 기술의 맥이 중간에 끊어지기 때문이다. 독자는 훈련된 독서행위를 통해 저자가 지향하는 포인트가 어디에 있는지 포착해야 한다. 이를 위해서는 기도문의 구성방식과 문체기법에 관한 상세한 관찰과 분석이 요구된다. 독자를 향한 충고나 교훈은 대부분 서술의 종반에 제시된다.

창세기 28장의 후반을 구성하는 야곱 이야기를 다룬 제14장이 대표적이다(창 28.10-22). 기만자의 행동을 한 야곱이 외로운 도피여정의 꿈속에서 '하늘의 사다리'를 통해 하나님을 눈으로 목격한 은혜로운 환상체험이다. 성서본문에 의거한 명쾌한 해설은 꿈에서 깨어난 야곱에 의한 벧엘(Bet-El, 하나님의 집)의 명명으로 끝나지 않는다. 마지막 단락에는 놀라운 기적 사건이 독자에게 주는 종국적 메시지가 지적된다. 저자는 우리가 성서 이야기에서 배워야 할 살아있는 의미를 아래와 같이 지적하고 있다.

하나님이 이 야곱과 함께 그처럼 강력한 역사를 기록한다면 나와 함께 작은 역사를 기록하지 않겠는가. 천상의 사랑과 충성으로 완전히 채워진 하나의 이야기.

삶의 도피자 야곱에게 발생한 '강력한' 역사는 나에게 '작은' 역사로 나타날 수 있다. 그것은 '천상의 사랑과 충성으로 완전히 채워진 이야기'이다. 거룩한 명칭 벧엘의 기원을 규정한 놀라운 야곱의 천상경험은 단지 이스라엘 족장시대에 일어난 우연한 개인적 사건이 아니다. 그것은 오늘을 사는 우리와 나에게도 해당되는 감동적 은총의 사례이다. 하나님은 지금도 좌절과 실망에 빠진 인간을 향해 말씀한다(창 28.15).

내가 너에게 약속한 모든 것을 이행할 때까지 나는 너를 떠나지 않으리라.

미주

1. 자신의 아들을 통한 하나님의 마지막 말씀은 히브리서의 서언을 규정한다 (히 1.1-4). 성서구절의 번역은 2017년에 출간된 'Luther 성서 개정본'에 의거한다.
2. 창세기 1.1-3.
3. 요한복음 1.1.
4. 나사렛(Nazareth), 히브리어로 '새싹', 요셉과 마리아의 고향, 갈릴리 지방에서 남쪽으로 내려가는 분지에 놓여있는 경멸의 도시(요 1.46).
5. Bar-Mizwa, 13세의 생일에 남아의 성년을 축하하는 유대 종교예식이며 가족 축제.
6. Edward Albee, 1928년 태생의 미국 극작가, 〈누가 버지니아 울프를 두려워하는가?〉는 1962년에 처음으로 무대에 올려진 연극.
7. 사울(Saul), 기원전 1020년에서 1000년에 이르기까지 통치한 최초의 이스라엘 왕, 그의 왕국은 다윗이 세운 왕국과 비교되지 않는다.
8. 시편 98.1, 3.
9. '하나님이 원한다', 라틴어 'Deo volente'. 모든 계획수립에 고려되어야 할 결정적 요인, 삶과 계획은 하나님에게 달려있다.
10. 누가복음 12.20.
11. Sub conditione Jakobi(야고보의 조건 아래), 미래의 계획은 하나님의 뜻에 따라야 한다는 사실을 상기시키는 겸손과 희망의 기독교 공식. 이 공식은 지나친 자기 확신을 경고하는 야고보서 4장의 마지막 단락으로 거슬러 올라간다. 4장 15절에 의하면 모든 계획된 행동은 하나님의 뜻에 의거하여야 한다.
12. 마태복음 6.10.

13. 아모스(Amos), 가장 오래된 예언자, 예루살렘 남쪽으로 20km 떨어진 테코아(Tekoa) 출신. 기원전 782-747년에 북이스라엘 왕국 여로보암 (Jerobeam) 2세의 궁성에서 선포하였다. 풍성한 언어와 인상적 비유로 표현된 선포는 하나님의 심판을 통고한다.

14. Ernesto Cardenal(1925-2020), 니카라과 가톨릭 사제, 시인, 정치가, 자유주의 신학자이며, 솔렌티나메(Solentiname) 제도의 원시주의 공동체 창시자.

15. Heinz-Horst Deichmann(1926-2014). 유럽에서 가장 거대한 구두제조 기업체 'Heinrich Deichmann 구두'를 설립한 독일 사업가. 헌신적 사회봉사의 참여로 다수의 국내 외 훈장을 수여받았다.

16. 위르겐 베르트, 《감사는 선한 일을 한다. 영혼을 신선하게 하는 건강의 충고자》. 2015. Gerth Medien출판사.

17. 창세기 3.19.

18. 나이로비(Nairobi), 케냐(Kenja)의 수도이며 가장 거대한 도시. 1899년에 세워진 도시는 케냐의 남부 중앙에 위치하고 있다. 도시의 인구는 2019년에 4백만 명을 넘어선다.

19. 미가(Micha), 히스기야 왕 시기(기원전 728-699)의 남이스라엘 왕국 예언자. 이사야 예언자의 동료로 작은 고을 모레셋(Moreschet) 사람(미 1.1).

20. chemotherapy, 암세포를 파괴하는 약의 사용. 암세포의 성장, 분해, 확장을 막아주는 암치료 방법.

21. Dietrich Bohnhoeffer(1906-1945), 독일 루터교 목사, 신학자, 고백교회 핵심 창립자. 나치 세력에 저항한 반체제 인사. 세속사회에서의 기독교 역할에 관한 그의 저술은 후세에 막강한 영향력을 행사한다. 수용소 구금 기간에 집필된 《윤리학》이 대표작이다. 이 미완의 저서는 본회퍼 사후 1949년에 그의 절친한 친구이며 신학자인 에버하르트 베트게(Eberhard Bethge)에 의해 편집되어 출간된다.

22. 베르세바(Beerscheba). 히브리어로 일곱 양의 샘을 뜻한다. 남부 이스라엘 네게브(Negev) 사막 지역 변두리에서 예루살렘 남서쪽으로 76km 떨어

진 중요한 장소. 구약성서에는 멀리 족장시대로 거슬러 올라가는 전통이 보존되어 있다.

23. 하란(Haran). 북부 시리아 옛 도시, 아브라함과 그의 친척의 고향으로 추정된다.

24. 하늘의 사다리. 창세기 28장 12절은 다음과 같이 서술한다. "그는 꿈을 꾸었다. 보라. 꼭대기가 하늘에 닿아있는 사다리가 지상 위에 있었다. 보라. 하나님의 천사가 아래위로 오르내린다."

25. 벧엘(Bet-El). 히브리어로 하나님의 집. 예루살렘에서 북쪽으로 17km 떨어진 장소. 이스라엘 이전 시기부터 중요한 역할을 한다.

26. Samuel. 히브리어로 '그의 이름은 하나님(El)'. 야곱의 후손 에브라임 족속. 오랫동안 자식이 없었던 그의 어머니 한나(Hanna)는 서약을 통해 아들을 낳으면 여호와 하나님에게 바치겠다고 약속한다(삼상 1.11). 카리스마 지도자로 이스라엘 왕국의 발전에 중요한 역할을 한다. 사무엘 예언자의 이야기가 널리 알려져 있다(대상 29.29).

27. Armenia, 공식적으로 아르메니아 공화국. 서부 아시아 아르메니아 산악지대에 있는 내륙국. 지정학적으로 유럽에 가깝다.

28. TWR. Trans World Radio의 약칭이다.

29. 삭개오. 히브리어 'zakkaj'는 '순수한, 죄없는'을 뜻한다. 여리고의 세리장. 예수님의 분부에 의거하여 자신의 재산을 완전히 처분하고 새로운 삶을 결단한다. 후세의 기독교 전설에는 그에게 가이사랴(Caesaria) 주교의 존칭이 부여된다.

30. 게네사렛(Gennesareth). 히브리어 'kinnor'는 '치터, 하프'를 뜻한다. 갈릴리의 요단강 저지에 위치한 호수(눅 5.1). 신약성서에는 갈릴리 호수, 디베랴(Tiberias) 호수로도 불린다. 디베랴는 게네사렛 호수 남서부에 면한 도시이다.

31. Corire ten Boom, 1892-1983, 네덜란드 시계기술자, 기독교 여류 작가, 대중연설가. 아버지를 비롯한 가족과 함께 나치정권에서 도피한 많은 유대인을 자신의 집에 숨겨준 인물.

32. 시편 32.1, 2-1 범죄가 용서된 사람, 죄악이 벗겨진 사람은 복이 있다. 2 그의 영에 오류가 없는 주님이 죄를 부과하지 않는 사람은 복이 있다!

33. 이사야 53.5 그러나 그는 우리의 악행으로 말미암아 상처를 입었다. 그리고 우리의 죄악 때문에 무참하게 얻어맞았다. 우리가 화평을 누리도록 형벌이 그의 위에 놓여 있다. 그리고 그의 상처로 인해 우리는 구원을 받았다.

34. Augustinus, Augustine, 서기 354-430년. 로마의 주교이며 교회교부. 옛 교회의 교리와 주석에서 경전적 역할을 행사한 위대한 신학자. 그의 저술은 서방 기독교와 철학의 발전에 커다란 영향력을 행사한다.

35. 영적 성숙에 도달하는 긴급한 호소(히 5.11-6.12)의 종결부. 기다란 단락의 마지막 두 절은 무엇이 순수한 영적 삶이며, 무엇이 영적 발전에 필요한가를 터득하게 한다.

36. 후세에 전승된 본회퍼의 마지막 말은 다음과 같다. "그것은 마지막이다. 나에게는 삶의 시작이다."

37. 나치정권에 강하게 저항한 신학자 본회퍼는 1년 반 동안 테겔(Tegel) 감옥소에 구금되어 있다가 1945년 4월 9일 레겐스부르크(Regensburg)의 플로센뷔르크(Flossenbürg) 집단수용소에서 히틀러의 명령으로 교수형에 처해진다.

38. 누가의 병행단락에 없는 마태 고유의 청원이다.

39. 주기도문(Pater Noster). 신약에서 두 개의 버전으로 전승된다(마 6.9-13, 눅 11.2-4). 보다 짧은 누가의 문안이 원래의 것으로 추정된다. 다섯 절에 걸친 마태의 본문은 부름의 호칭 '우리 아버지여', '당신을 향한' 세 개의 청원, 그리고 네 개의 '우리 청원'으로 구성된다. 모두 일곱 개의 청원은 주님을 향한 청원에서 '우리 청원'으로 이어진다.

40. 여덟 절에 걸친 요나의 기도(욘 2.3-10)의 첫 절.

41. 요나(Jona). 히브리어 비둘기. 열왕기하 14장 25절에 의하면 아밋대 (Amittai)의 아들 요나는 북이스라엘 제국의 재건을 포고한다. 이 예언은 여로보암 2세의 통치 아래에서 실현된다. 이보다 훨씬 늦게 나온 요나서는

열왕기하에 언급된 선지자와 문서의 주인공을 동일화한다(욘 1.1).

42. 니느웨(Ninive). 티그리스(Tigris) 강가에 있는 앗시리아 제국의 수도. 요나서에는 니느웨의 회개에 관한 전설의 이야기가 실려있다.

43. 요나 2.11.

44. 베드로전서 5장 5-11절은 마지막 경고이며 확약이다. 문서의 결론부 이전의 종결단락에 해당하는 일곱 절에는 젊은 사람이 노인에게 표해야 할 합당한 존경이 요구된다. 노인과 젊은이는 겸손 가운데에서 서로 만나도록 부름을 받았다. 그들은 모든 근심을 하나님의 손에 맡겨야 한다. 하나님은 돌보아 주는 아버지이기 때문이다.

45. 베드로전서 5장 5절 후반부.

46. 기브온(Gibeon). 히브리어로 언덕. 예루살렘에서 북서쪽으로 10km 떨어진 750m 높이의 언덕에 위치한 장소.

47. 솔로몬(Salomon). 히브리어로 평화, 온전. 기원전 931년까지 통치한 이스라엘 왕. 부친 다윗의 왕위 계승자. 솔로몬 왕의 시기에 이스라엘은 평안과 안정을 누린다.

48. 독일어 본문에는 순종에 해당하는 명사 'Gehorsam'이 세 차례에 걸쳐 약간 다르게 표기된다. 'Gehorsam', 'Ge-hor-sam', 'Ge-hör-sam'. 세 음절로 나누어진 나중의 두 경우에 중간 음절을 형성하는 'hor'과 'hör'는 이어지는 두 현재분사형 동사 'hörend' 'horchend'를 예시한다. 이와 같은 언어 생성의 관찰은 들음, 경청의 의미에 주의를 돌린다. 순종은 말씀의 경청에 긴밀하게 연결된다.

49. 히브리어 명사 'roeh', 그리스어 명사 'poimen'은 통치자, 심지어 하나님에 대한 은유나 명칭으로 사용된다(시편 23편). 어느 경우에나 신뢰할 수 있는 돌봄이 중심에 놓인다.

50. 시편 116편은 개인의 감사 노래이다. 교회예배에 불리는 일연의 노래의 중심에 기도자의 소리가 울려 나온다. 운집된 교회의 현존에서 그는 자신이 어떻게 하나님의 구원을 체험하였으며, 감사의 제물을 준비하는가를 증언한다.

51. 예루살렘 옛 도시의 유대 거주지에 있는 종교적 명소. 성벽이 지어진 강한 돌은 한때 예루살렘 북쪽 변두리에서 얻어진 석회석이다.

52. 시편 116.17-19.

53. 할렐루야, Halleluja. 히브리어로 '여호와를 찬양하라'를 뜻한다. 합창대에 의해 불리는 찬송가에 대한 유대교회 화답이며 환호의 노래. 하나님을 칭송하는 옛 예식의 부름이다.

54. 스가랴. 히브리어로 '여호와 하나님이 나를 기억하셨다'의 뜻. 제사장 가문 잇도(Iddo)의 혈통에 유래하는 예언자(스가랴 1.1). 학개와 동시대 인물로 바빌론 망명 이후 학개처럼 성전 재건에 참여한다. 그가 등장한 시기는 기원전 520년-518년이다.

55. 욥기 19장 25-27절에서 욥은 미래의 구원자를 본다. 그는 자신의 문제를 넘겨받아 마침내 '죄 없음'을 선언할 주체이다.

56. 헨델의 〈메시아〉(Messiah). 1741년 헨델에 의해 작곡된 영어 오라토리오. 1742년 4월 13일 더블린(Dublin)에서 초연되었다. 서양음악에서 가장 잘 알려지고 가장 자주 공연된 합창곡의 하나로 인정받는다.

57. 구원자에 해당하는 히브리어 어원 'padah'(그리스어 'lytron')는 동물과 사람의 대가를 지불하기 위한 사면금을 말한다.

58. 룻기 4장의 전반에는 보아스가 '해결자'로 등장한다(4.1-12), 이어지는 후반부는 보아스와 룻의 결혼을 서술한다(4.13-22).

59. 할렐(Hallel). 유월절 식사의 마지막에 불리는 시편 113-118편. 'hallel'은 히브리어로 '찬송하다, 칭찬하다'를 뜻한다.

60. Kidron. 예루살렘과 예루살렘 동쪽에 위치한 올리브산 사이의 계곡. 그리스어 명사 'Kedron'은 민속어원으로 히말라야 삼나무(Zeder)와 연결된다.

61. 겟세마네(Getsemani). 아람어 '기름짜는 기구'. 예수님이 죽음의 두려움 속에서 외로이 기도한 올리브산 기슭에 있는 정원. 정확한 위치가 불분명한 토지는 예수님 제자의 소유일 가능성이 높다. 예수님은 기도하기 위해 자주 그곳으로 간 것으로 보인다(눅 21.37).

62. 예루살렘 동북쪽에 위치한 성. 헤롯대왕은 옛 성을 개조하여 당시의 후원

자인 로마 사령관 안토니우스(Antonius)를 위해 안토니아(Antonia)라는 새로운 명칭을 부여한다. 로마 집정관이 관할하는 시기에는 로마 정복군이 주둔한다. 12세기 이후로는 빌라도의 예수님 판결이 그곳에서 집행되었다고 전해진다.

63. 히브리어 'Golgota'는 '해골의 언덕', '해골의 장소'를 뜻한다. 공관복음에 예수님이 십자가에 처형된 장소로 명명된다.

64. 교회노래 〈너는 너〉의 가사

I 결코 잊지 말아라. 네가 살아있는 것은 너 자신의 생각이 아니었다. 그리고 네가 숨을 쉬는 것은 너 자신의 결정이 아니다. 결코 잊지 말아라. 네가 살아있는 것은 다른 사람의 생각이었다. 그리고 네가 숨을 쉬는 것은 너를 향한 그의 선물이다.

II 결코 잊지 말아라. 누구도 너처럼 생각하고 느끼고 행동하지 않는다. 누구도 네가 방금 한 것처럼 그렇게 미소 짓지 않는다. 결코 잊지 말아라. 누구도 너처럼 하늘을 정확하게 쳐다보지 않는다. 그리고 누구도 네가 알고 있는 것을 이전에 알지 못하였다.

III 결코 잊지 말아라. 누구도 이 세상에서 너의 얼굴을 갖고 있지 않다. 그와 같은 눈동자는 너만 갖고 있다. 결코 잊지 말아라. 네게 돈이 있든 없든 상관 없이 너는 풍성하다. 왜냐하면 너는 살 수 있기 때문이다! 누구도 너처럼 살지 않는다.

후렴 너는 원하고 있다. 우연의 아이도 자연의 변덕도 아니다. 네가 너의 삶의 노래를 단조로 부르든 장조로 부르든 전혀 상관없이 너는 하나님의 사유이다. 더구나 비상한 사유이다. 너는 너다. 그것은 클루이다. 정말로 클루이다. 그래 너는 너다.

65. 7연 시 〈선한 능력에 신기하게 보호되어〉 제1연 선한 능력에 충실하고 고요하게 둘러싸여/ 놀랍게 보호받고 위로받아 - / 나는 이날 당신들과 함께 살렵니다/ 그리고 당신들과 함께 새로운 해를 맞이하렵니다. -